0.6
의
공포
,
사라
지는
한국

일러두기

1. 부연 설명은 각주로, 참고자료는 미주로 달았습니다.
2. 단행본 도서는 겹낫표(『』)로, 통계자료 및 보고서, 기타 정기 간행물은 홑낫표(「」)로, 영상 및 기타 저작물은 홑화살괄호(〈 〉)로 표기했습니다.

0.6의 공포, 사라지는 한국

아이가
있는
미래는
무엇으로
가능한가

정재훈
지음

21세기북스

출산율 0.7, 대한민국은 소멸하고 있다. 추세대로라면 인구 감소로 소멸할 지구상 최초의 나라가 될 것이다. 우리가 일찍이 한 번도 경험해보지 못한 위기이자 인구 재난이다. 혹자는 14세기 유럽의 흑사병보다 무서운 재난이란다. 이 책에서 정재훈은 재난의 원인을 치밀하게 분석하고 극복의 가능성을 용의주도하게 탐색한다. 초저출산 문제를 그처럼 처절하게 파고든 이를 나는 지금껏 본 적이 없다. 그러나 이 책의 진정한 미덕은 다른 곳에 있다. 정재훈은 놀랍게도 이 전대미문의 위기를 '대한민국 대개조'의 기회로 보는 것이다. 초저출산으로 인한 국가 소멸의 전망은 혁명적 변화의 절박성을 일깨운다. 이제 우리는 피로사회를 균형사회로, 경쟁사회를 연대사회로, 차별사회를 평등사회로 전환하지 않으면 안 된다. 어쩌면 이 절체절명의 재난은 어떤 정치적 혁명도 이루지 못한 근본적인 변화를 우리 사회에 가져올지도 모른다. 이 책에서 나는 '재난 혁명'을 예감하고, '재난 유토피아'를 꿈꾼다.

● 김누리 중앙대 교수, 『우리의 불행은 당연하지 않습니다』 저자

왜 한국은 아이 울음소리가 들리지 않는 나라가 되었을까? 우리는 어떤 이유로 만남을 포기하게 되고, 무엇이 우리 삶의 질을 떨어뜨릴까? 막연하게 떠도는 물음 하나하나에 구체적인 대답을 찾아준다는 점에서 이 책은 참 반가운 책이다. 한국의 저출산·저출생 현상은 다양한 이유만큼이나 오랜 기간 얽히고 꼬인 사회 구조의 현주소를 반영한다. 이제는 인구라는 근대적 개념을 벗어나 사회를 이루는 개인의 삶으로부터, 그 삶에서 파생하는 갖가지 이야기에서부터 다시 복지사회를 위한 토대를 논의해야 할 때다. 이 책이 그 여정을 함께해줄 것이다.

● 정지은 PD, EBS 다큐 프라임 〈자본주의〉, 〈아이의 사생활〉 기획 연출

우리는 세상 어느 나라에서도 찾아볼 수 없던 초저출산·초저출생의 시대를 살고 있다. 태어나는 아기들의 울음소리가 작아지면서 병원, 어린이집, 유치원이 문을 닫기 시작했다. 대도시에 있는 학교도 예외가 아니다. 우리를 찾아올 노동력 부족과 감당하기 어려운 인구 부양 부담, 성장 동력을 잃은 경제, 군인 없는 군대, 지역 소멸 등 공포스러운 시나리오가 퍼지고 있다. 외면하기 어려운 이야기다.

한국 사회는 이미 아이를 낳을 수 있는 사람과 낳을 수 없는 사람으로 갈라지기 시작했다. 사람을 사귀고 아이를 낳는 생활은 우선순위에서 밀려난 지 오래다. 이런 모습이 왜 나왔는지 이유를 설명하라고 하면 이야기하는 사람 수만큼 다양한 설명이 나온다. 형편없는 우리 삶의 질에서 그 모든 이유들이 나올 것이다. 이 책에서는 삶의 질 관점에서 아이를 낳을 수 없는 이유를 필요조건과 충분조건으로 나누어 설명해볼 것이다. 그러한 조건들이 만들어놓은 우리의 일상을 들여다보는 작업도 한다. 무엇보다 출산주체로서 여성, 엄마의 삶을 지나치고 저출산·저출생을 논할 수 없다.

어려운 상황이다. 위기다. 우리가 이야기하는 공포 시나리오는 현실이 될 수 있다. 지금은 그나마 합계출산율이 0.7명대이고 출생아 수도 20만 명 수준이다. 그러나 이 흐름대로라면 합계출산율 0.6명대와 출생아 수 20만 명 이하도 금방 우리의 현실이 될 수 있다. 그러니 0.6의 공포라는 표현도 틀린 말이 아니다. 공포는 공포다.

그러나 주저앉을 수도 없다. 한국은 지금까지 많은 노력을 기울였고 소용없지 않았다. 다만 부족했고 우왕좌왕하며 대응을 내놓았다. 이제는 퍼즐 조각 하나하나에 매달리

지 않고 수많은 퍼즐 조각으로 만들 수 있는 큰 그림을 그릴 때이다. 그리고 큰 그림을 완성하기 위하여 퍼즐조각 하나하나를 끼워 맞추는 작업을 시작할 때이다. 지금까지 없었던 획기적인 투자와 부모의 일·가정 양립, 교육개혁, 노동시장 개혁, 다양한 삶을 포용하는 가족관계의 변화, 새로운 가치관으로 사회의 그림을 만들어가야 한다. 하나하나의 퍼즐이 자리를 잡아갈 때마다 희망은 조금씩 그 모습을 드러낼 것이다.

지은과 주호를 위해

눈앞에

다가온

공포

저출산·저출생 시대가 본격적으로 시작되고 있다. 생명의 탄생보다 죽음의 숫자가 압도적으로 많아진다. 어린이집부터 시작해서 대학교까지 문을 닫는다. 아이를 낳을 수 있는 사람과 낳을 수 없는 사람으로 사회가 갈라진다. 저출산·저출생이 지속되고 아이를 낳고 키우는 과정에서 격차와 갈등, 분열만 지속된다면 여기저기에서 사라지는 마을이 생겨날 것이다. 빈집이 생겨나고 마을이 사라지면서 지역사회가 황폐해진다면 이는 한국 사회의 지속가능성을 위협하는 결과를 낳을 것이다.

————

사람이 사라지는 사회

o 초저출산 · 초저출생 시대가 온다

2018년 6월 서울시에서는 「단어 하나가 생각을 바꾼다, 서울시 성평등 언어 사전」을 발표했다. 이 자료에서 저출생이 성평등적인 용어이고 저출산은 성차별적인 용어라고 주장한 이후 의식적으로 저출산보다 저출생을 사용하는 사람들이 많아졌다. 왜 그런 주장을 했는지 이해는 한다. 국가가 출산 책임을 여성에게 떠넘기고 여성을 출산 제한 혹은 출산장려정책의 대상으로 만든 과거가 있기 때문이다.

그러나 출산율과 출생률은 다른 개념이다. 출산율과 출생률이 항상 일치된 모습으로 우리 현실을 설명해주지도 않는다. 출산율은 여성 1명이 평생 낳은 아이 수를 의미한다. 그래서 공식 명칭은 '합계출산율'이다. 출생률은 해당 연도에 실제로 몇 명의 아이가 태어났는지를 인구수에 견줘 비율로 나타낸다. 이 비율이란 인구 1,000명당 출생아 수이며 공식 명칭은 '조출생률'이다. 출산율과 출생률 두 지표는 서로 다른 의미와 사용 목적을 가지고 있지만 둘 다 인구 변동이나 동향 분석에 중요한 정보를 제공한다. 출산율로는 왜 여성이 아이를 낳지 않는지, 더 거슬러 올라가 왜 여성이 아이를 낳기 시작했는지 이유를 분석하고 정책적 대응 방안을 마련할 수 있다. 출생률은 지금 태어나는 아이 수에 맞춰 어떤 사회적 인프라를 구축해야 할지 장기적으로 대응할 수 있는 기본 정보가 된다.

1945년부터 1970년대까지 한반도의 인구는 큰 폭으로 증가했다. 일제로부터 해방 직후 일본, 중국, 만주 등에서 귀환민 유입이 있었고 한국전쟁 전후로 북한에서 월남한 피란민 수도 상당했다. 1960년 2,500만 명이던 남한 인구는 1945년 해방 당시 한반도 전체 인구와 맞먹는 규모였다. 1960년대에는 합계출산율이 5~6명 수준을 유지하면서 해마다 100만 명 정도가 태어나는 베이비붐 현상이 지속되었다. 지나친 인구 증가를 경제성장의 걸림돌로 본 정부는 1960년대부터 가족계획사업을 추진했고 이후 인구증가율 자체는 감소 추세를 보였다. '덮어놓고 낳다 보면, 거지 꼴을 못 면한다'(1960년대), '딸·아들 구별 말고, 둘만 낳아 잘 기르자'(1970년대), '하나 낳아 젊게 살고, 좁은 땅 넓게 살자'(1980년대) 등 정부의 시대별 표어를 보면 당시 인구정책의 방향을 짐작해볼 수 있다.

1980년대와 1990년대에만 해도 한 해에 태어나는 아이 수는 70만~80만 명, 떨어져도 60만 명 정도였다. 1984년에 이미 합계출산율 1.74로 저출산 시대가 시작되었지만 저출생 시대는 아니었던 것이다. 합계출산율이 1.3 이하 초저출산율을 기록하기 시작한 2000년대에 들어서도 45만~50만 명은 태어났다. 2015년 기준 출생아 수는 43만 8,420명으로 2015년까지만 해도 우리나라에서는 한 해에 45만 명 내외의 아이들이 태어났으며 합계출산율도 1.2명 내외 정도는 유지하고 있었다. 그러나 2015년을 기준으로 출산율과 출생률은 급격히 줄어들기 시작했다. 2015년부터 2022년까지 출생아 수는 43.2퍼센트 감소하였으며 합계출산율 또한 1.24명에서 0.78명으로 추락했다. 출생아 수도 2020년부터 30만 명 이하로 내려갔다. 이제 본격적으로 초저출산·초저출생 시대가 시작된 것이다.[*]

초저출산·초저출생은 어떤 결과를 만들 것인가? 통계청은 2019년에 장래인구추계를 발표하면서 이른바 '고위, 중위, 저위 추계'를 내놓았다. 그런데 지금 이 상태라면 우리나라는 출생하는 아이 수는 가장 적고 사망하는 사람 수는 가장 많은, 즉 인구가 큰 폭으로 줄어드는 '저위 추계 궤도'를 탈 것으로 보인다. 2020년부터 사망자 수가 출생아 수를 앞서기 시작했으며 대한민국 역사상 최초로 인구의 자연증가 추세(출생아 수에서 사망자 수를 뺀 값)가 마이너스(-)가 되었다. 저위 추계, 혹은 이보다 출산율이 더 낮아지고 사망자

---

[*] 초저출산과는 달리 초저출생이라는 말은 아직까지 사회과학적으로 공인된 용어는 아니지만 이 책에서는 태어나는 아이 수를 아주 적게 보는 의미에서 '초저출생'이라는 단어를 사용할 것이다.

수가 많아지는 추세가 지속된다면 인구 규모는 더욱 축소될 것이다. 지금 20대가 노인이 되는 2060년경 한국 사회 인구 규모는 현재의 5천만 명에서 3,300만 명 수준으로 축소될 것이다.

'너무 북적북적 살았는데 인구가 줄어들면 좋은 거 아닌가'라고 생각할 이들이 많을지도 모른다. 그러나 출생아 수가 사망자 수보다 적으면 인구 규모만 줄어드는 게 아니라 인구 중 노인인구의 비중이 커진다. 나이는 숫자에 불과한 게 맞지만, 청년인구가 줄고 노인인구가 늘어나면 노동력이 부족해지고 사회 활력이 떨어진다. 소위 '비취업 활동인구'라고 표현하는 아동, 청소년, 노인층을 취업 활동 인구가 부양해야 하는 부담이 커진다. 다시 말해 인구 부양 부담과 노년 부양 부담이 동시에 커지게 되는 것이다.

게다가 노후 소득은 취업 활동기에 비해서 현저히 적어지기 때문에 노인인구 증가는 소비시장의 위축으로 이어진다. 저출산 및 고령사회로 인한 경제활력 감소와 그에 따른 저성장이 우려되는 이유다. 일각에서는 나라를 지킬 군인 수가 적어질지 모른다는 염려도 있다. 60만 대군의 시대는 이미 지나갔다. 산부인과, 산후조리원, 소아과를 찾아보기 어려워진다. 어린이집과 유치원이 문을 닫고 초·중·고등학교의 학년별 반수가 작아지고 있다. 지방대 폐교 현상도 이미 시작되었다. 마을도 사라져간다. 타인에게 부양받을 사람들은 많아지고 여러 분야에서 노동력이 부족해지는 현상이 나타난다. 일할 사람이 없어서 고령 노동자를 찾아나서기 시작한 일본의 현실이 곧 우리의 현실이 될 수 있다. 수도권에 인구가 몰려 북적이는 한국의 삶이 우리에게 그러한 변화를 실감하지 못하게 막고 있을 뿐이다. 마치 점점 뜨거워져 끓기 시작하는 물 속에 영문도 모르고 남아 있는 개구리 같은 모습이다.

○ 부양인구의 실체

출생아 수가 줄어들어 노동력이 부족해지면 부양 부담이 커진다. 15~64세 사이의 인구를 '생산가능인구'라고 표현하는데 이 생산가능인구가 2020년을 기준으로 감소하기 시작했다. 2020년 3,738만 명에 이르렀던 생산가능인구가 2030년에는 약 3,381만 명으로 10년 사이에 300만 명이 줄어들 전망이다. 그리고 2060년에는 2천만 명을 겨우 넘을지도 모른다. 일할 수 있는 사람 수는 줄어들고 더 이상 일을 할 수 없는 사람 수가 늘어나면 당연히 일하는 사람의 부양 부담은 높아지게 된다. 한국 사회에서 부양해야 할 노인인구가 곧 급증하게 될 것이다. 한 집안에 나가서 돈 버는 사람은 1명인데 부양받아야 할 노인도 1명이라고 상상해보자. 지금 청년 세대가 맞이하게 될 현실이다.

취업 활동 인구의 부양부담은 세 가지로 나눌 수 있다. 하나는 일반적인 '부양인구비'로서 유소년인구와 노인인구를 합한 부양부담비이다. 또 하나는 '유소년부양인구비'이다. 마지막 세 번째는 '노인부양인구비'이다.

부양인구비는 15~64세 생산연령인구, 즉 취업 활동 인구 대비 생산 활동을 하지 않는다고 추정되는 15세 미만 소년과 65세 이상 노인인구의 비율이다. 고령화하지 않은 사회에서는 대체로 노인인구 비율은 낮지만 15세 미만 소년인구 비율은 높은 편이라 부양인구비가 높을 수 있다. 예를 들어 1970년 부양인구비는 83.8이었는데 유소년 부양비가 78.2로서 매우 높았고 노인부양비는 5.7이었다. 출생아 수가 많았던 시기에는 취업 활동 인구가 먹여 살려야 하는 유소년 수는 많고 노인의 수는 매우 적었다. 이처럼 유소년인구가 많다면 부양인구비가 높아도 큰 문제가 되지 않는다. 지금 당장은 부양 부담이 되어도 아동과 청소년이 자라서 곧 취업 활동 인구가 되기 때문이다. 많은 수의 유소년은 미래에 부양부담을 덜어줄 가능성이 된다. 반면 저출생 시대에 취업 활동 인구가 부양해야 할 노인인구 수, 즉 노인부양인구비가 높으면 심각한 문제가 될 수 있다.

저출산·저출생의 결과로 취업 활동 인구가 먹여 살려야 할 15세 미만 유소년부양인구비는 급감하는 추세이다. 1970년 당시 취업 활동 인구 100명이 부양해야 할 유소년인구는 약 84명이었다. 그러나 2024년 현재 유소년인구는 15.1명에 불과하다. 고령화가 급속히 진행되는 한국 사회에서 노인부양을 위해 믿고 의지할 수 있는 후세대가 태어나지 않고 있기 때문이다. 반면 노인부양인구비는 고령화와 더불어 급증하고 있다. 1970년 노인부양인구비는 5.7에 불과했다. 취업 활동 인구 100명이 노인 6명 정도만 부양하면 되었다. 그러나 2022년 동 비율은 27.4로 늘어났다. 취업 활동 인구 100명이 부담하는 노인 수가 거의 27명이 되었다는 이야기다. 2030년에는 동 숫자가 38.6명이 될 전망이다.

저출생이 지속되어 취업 활동 인구 수가 계속 감소하고 노인 수는 증가한다면 결국 취업 활동 인구의 부양인구비는 지금과 비교할 수 없을 정도로 증가할 것이다. 현재 통계청 추계를 보면 부양인구비는 2050년에 95.8명으로 늘어나게 된다. 유소년부양인구비 17.2명과 노인부양 인구비 78.6명을 합친 결과다.

물론 생산가능인구로서 취업 활동 인구 자체를 부양할 수 있는 인구 집단으로 보기는 어렵다. 나이는 15~64세 사이 취업 활동 인구에 속하지만 생산 활동을 하지 않는 사람들도 많기 때문이다. 학생, 취업 준비생, 장애 등으로 인한 노동능력 감소자, 전업주부 등이 바로 그 사례다. 만약 학교 졸업 후 취업까지 걸리는 시간을 단축할 수 있다면 상당수 청년이 취업 활동 인구의 질적 수준을 높일 수 있을 것이다. 장애인 등 노동능력 감소자가 취업 활동을 할 수 있는 여건을 조성해도 취업 활동 인구에 속하지만 실제로 취업 활동은 하지 않는 사람 수를 줄일 수 있을 것이다. 무엇보다도 여성 고용률이 늘어난다면 연령으로만 취업 활동 인구인 사람들이 실제로 취업 활동을 하면서 인구를 부양하는 부담이 상당히 줄어들 것이다.

최근 한국의 여성 고용률은 60퍼센트 정도밖에 되지 않는다.* 따라서 선진국처럼 여성 고용률이 70~80퍼센트 정도까지 오르고 지속적으로 생산성이 향상된다면 취업 활동 인구 1명의 부양 능력이 지금보다 비교할 수 없을 정도로 높아질 수 있다. 생물학적 나이에만 초점을 맞춘 부양인구비는 인구 구성의 질적 요소를 간과한다는 한계가 있다. 인구를 부양할 수 있는 사람들의 숫자를 질적으로 늘리려 노력한다면 지금의 부양인구비 관련 논쟁이 가져오는 공포 시나리오, 즉 '누가 먹여 살릴 것인가?'라는 질문에 답을 어느 정도 찾을 수 있을 것이다.

---

* 통계청 「경제활동인구조사」에 따르면 2022년 기준 여성 경제활동 참가율은 54.6퍼센트, 2023년 7월 기준 여성 고용률은 61.8퍼센트이다.

○ 갈 곳을 잃은 부모와 아이들

산부인과, 산후조리원, 소아과가 모습을 감추고 어린이집, 유치원이 사라지며 학교 또한 문을 닫는 현상은 불안한 양육 환경을 조성한다. 내가 사는 곳에 산부인과가 없으면 임신은 부담이 될 수 있다. 출산 후에 제대로 회복할 수 있는 시설이 없고 아이가 아플 때 찾아갈 소아과가 없다면 아이의 탄생은 걱정과 불안 요인이 될 뿐이다. 아이가 다니던 어린이집과 유치원이 갑자기 문을 닫게 되면 부모, 특히 엄마는 직장을 그만두어야 하는 현실을 마주하게 된다. 가족을 이루려고 생각하는 사람들과 아이를 낳은 부모가 갈 곳이 없어지면 저출산·저출생 현상을 심화시키는 요인이 되고 무너진 임신·출산·양육 지원 인프라가 다시 저출산·저출생으로 이어지는 악순환이 반복될 것이다.

개업하는 산부인과보다 폐업하는 산부인과가 많다는 이야기는 이미 오래전부터 나왔지만, 폐업하지 않아도 환자가 원하는 의료서비스를 받지 못하는 경우가 허다하다. 진료는 하지만 분만은 하지 않는 산부인과도 많다. 인구소멸

위기 지역뿐만 아니라 서울 및 수도권에서 지하철로 갈 수 있는 거리에 있는 인구 10만 명 수준의 도시에서도 그렇다. '○○시, 분만, 산부인과'라고 검색어를 넣으면 "○○시에는 현재 출산을 위한 분만이 가능한 병원은 없습니다. 미리 인근 지역 분만 병원을 알아두세요"라는 안내를 보게 된다. 지역 이름과 산후조리원을 함께 검색해도 결과를 찾을 수 없는 경우가 점점 늘고 있다. 출산 후에 산후조리원을 찾아 자동차로 2시간 이상을 가야 하는 '분만 취약지역'이 점점 늘어나고 있다. 분만 취약지역에 사는 사람들이 위축되어 아이를 낳지 않으면 산부인과와 산후조리원이 더 사라지는 악순환이 이어진다. 소아과도 마찬가지다. 아이들의 특성상 언제 어떻게 아플지 모르고 아프면 곧장 의사에게 달려가야 하는데, 야간진료를 하지 않는 곳이 많으니 부모가 아이와 함께 불안감을 안고 사는 형국이다.

아이가 시간을 보내는 어린이집이나 유치원은 어떨까? 2000년 전국의 어린이집 수는 2만 개가 채 안 되었지만 2004년부터 저소득층 보육료 지원을 시작으로 2013년 무상보육을 실시할 때까지 약 10년간 어린이집 수는 4만 4천

개 가까이 늘어났다. 20인 이하, 2세 이하 아동을 대상으로 한 가정 어린이집이 어린이집 수 증가를 이끌었다. 출생아 수가 2012년 48만 명을 정점으로 2013년에는 43만 6천 명까지 대폭 감소하였지만 어린이집 수는 같은 기간에 오히려 1,243개가 늘었다. 보육료 지원 확대로 어린이집 이용 아동이 증가할 것이라는 기대가 원인이었을 것이다. 어린이집의 아동 수는 2014년 약 150만 명을 정점으로 2022년에는 100만 명을 조금 넘는 수준으로 줄었다. 8년 사이 무려 50만 명의 아동이 어린이집에서 사라진 것이다. 같은 기간 어린이집 수도 43,742개에서 30,923개로 감소하였다. 12,819개가 사라진 것이다.[1]

어린이집은 영유아보육법을 근거로 하는 사회복지시설이다. 영유아보육법 10조에 따라 국공립 어린이집, 사회복지법인 어린이집, 법인·단체 등 어린이집, 직장 어린이집, 가정 어린이집, 협동 어린이집, 민간 어린이집 등 다양한 종류로 나뉜다. 아파트 단지 내 소규모 가정 어린이집 간판을 본 적이 있을 것이다. 가정 어린이집은 최소 5명에서 최대 20명까지 아이들을 돌볼 수 있다. 규모가 작고 설립 조건이

상대적으로 까다롭지 않아 그동안 가정 어린이집이 많이 늘었는데, 현재 가장 많이 줄어들고 있는 어린이집 또한 가정 어린이집이다. 2014년 23,318개에서 2022년 12,109개까지 줄었다. 폐원한 가정 어린이집 11,209개는 같은 기간 폐원한 전체 어린이집의 87.4퍼센트를 차지한다.

어린이집에 비하면 유치원의 사정은 상대적으로 나은 편이다. 유치원은 유아교육법에 따른 '학교'이며 유아교육법 7조에 의해 국립 유치원, 공립 유치원, 그리고 사립 유치원으로 분류된다. 결국 국공립 유치원과 사립 유치원이 있을 뿐이다. 유치원의 설립 조건은 상대적으로 까다롭고 교사들도 국가 임용고시를 합격해야 하기 때문에 어린이집에 비해 유치원과 원아 수는 상대적으로 많지 않으며 변화 폭도 그리 크지 않은 편이다. 2000년 8,494개였던 유치원이 2017년 9천 개가 조금 넘는 수준까지 증가한 후, 2022년 8,441개로 감소한 정도다. 원아 수도 같은 기간 54만 5천여 명에서 70만 명을 약간 넘었다가 52만 1천 명 정도로 줄어들었다.[2]

가정 어린이집 같은 소규모 시설이 전체 어린이집 수 변화를 주도한 반면 유치원과 원아 수는 늘 일정 수준을 유지했다. 그러나 출생아 감소가 계속된다면 유치원 역시 폐원의 흐름을 비껴가기 어려울 것이다. '유치원 폐원'과 같은 키워드로 검색을 해보면 인구소멸위기 지역뿐 아니라 서울에서도 폐원하는 유치원이 나타나기 시작했음을 알 수 있다. 유치원 폐원 컨설팅이 서울시 교육지원청의 새로운 업무가 되고 있다. 공립 유치원은 교육청에서 예산과 인력을 지원하기에 원아가 없으면 휴원하면서 일단 버텨낼 수 있지만 사립 유치원들은 버틸 수 없다.

이런 상황에서 부모들은 혼란스럽다. 원아 수가 0명이 되어야 문을 닫는 것이 아니라, 수입 지출 구조가 손익분기점이 맞지 않는 시점이 될 때 유치원 운영이 어려워지기 때문이다. 지금 아이가 다니고 있는 어린이집이나 유치원이 문을 닫게 되면 아이를 어디로 보내야 할까? 유치원을 보내다가 어린이집을 찾아야 할지, 어린이집을 보내다 유치원으로 보내야 할지도 혼란스럽다. 큰 아이들은 집에서 좀 더 먼 곳을 고려하겠지만 어린 아이들은 집 근처를 벗어나기가 어렵다. 그래서 국가에서는 '유보통합', 즉 어린이집과 유치원을 하나의 기관으로 통합하는 정책 전환을 시도하고 있다. 예를 들어 '영유아학교'같이 어린이집이나 유치원으로 구분하지 않고 주변에서 내 아이를 보낼 수 있는 통합 교육·돌봄 기관을 만드는 대응을 하는 것이다.

어린이집과 유치원 폐원 물결은 서서히 초등학교로도 이어지고 있다. 농산어촌 작은 분교 이야기가 아니다. "100년 된 학교마저 폐교 위기…… 서울 지역도 예외 없다"라는 뉴스 제목 또한 더는 낯설지 않다. 한 학년 6개 반이었던 학교는 4개 반이 되고, 3개 반, 2개 반이 되는 현상이 나타나고 있다. "지난해 우리나라 초등학교 학급당 평균 학생 수가 사상 처음 30명 이하(29.2명)으로 떨어졌다"라는 언론 보도는 이미 2009년 1월에 나왔다. 학교 폐교 사태는 이미 현재진행형인 것이다.

이런 가운데 이른바 '벚꽃 피는 순서대로 문 닫는다'는 대학교 폐교는 이미 사회적 충격을 주기에 효과가 떨어진다. 2000년 이후 폐교된 전국 대학은 20개로, 1개 대학을 제외하고 모두 지방대학이다. 2020년대 들어 입학정원 대비 학령인구가 적어지는 현상이 가속되고 있다. 서울대 사회발전연구소와 한국보건사회연구원이 2021년 말 발표한 자료에 따르면 학령인구 감소가 계속된다면 2042~2046년에는 국내 대학 385개 중 절반인 49.4퍼센트만 살아남고 나머지 195개는 사라질 것이다. 대학이 문을 닫으면 주변 상가도 문을 닫게 돼 지역 경제도 고통을 겪게 된다. 지방대의 붕괴는 지역 경제의 붕괴, 지역사회의 붕괴, 나아가 지방 전체의 붕괴로 이어질 위험이 있다.

○ 군대도 사라질까

1977년에는 82만 5천 명의 아이가 태어났고, 19년 후 병역판정검사 대상인 77년생 남성은 38만 4천 명이었다. 그중 약 33만 명이 현역 입대 판정을 받았다. 2002년에는 출생아 수가 50만 명이 채 안 되는 수준으로 감소했고 2021년에 19세가 된 남성은 26만여 명이었다. 이들 중 21만여 명이 현역 입대 판정을 받았다.[3] 위 내용을 토대로 계산해보면 1990년대 말부터 지금까지 20여 년이 지난 사이 군대에 갈 수 있는 남성 수가 10만 명 이상 줄어든 것이다. 2017년부터 출생 남아 수는 20만 명 아래로 내려갔으며 2022년에는 13만 명도 안 되는 남아가 태어났다. 이대로라면 50만명 규모의 국방력을 유지할 가능성이 보이지 않는다.

과거에 '60만 대군'이라는 말이 있었지만 2018년을 기점으로 '50만 대군'이 되었다. 그러나 병력 정원이 50만 명일 뿐 실제 병력은 50만 명이 채 되지 않는 상황이다. 몇 년 지나지 않아 우리나라 군대가 확보할 수 있는 병력의 정원은 30만 명대로 떨어지게 될 것이다. '감사원, 병역의무자 수'라는 키워드로 검색을 해보면 2020년 약 33만 명인 병역의무자 수가 2021년에 이미 30만 명 아래인 29만 명으로 내려갔음을 확인할 수 있다. 그리고 2036년이 넘어가면 20만명 아래로 추락하여 2039년이면 병역의무자는 15만 명이된다.

상황이 이렇다 보니 국방부는 병역의무자 중 현역 판정 징집률을 과거보다 훨씬 높은 수준에서 유지하고 있다. 과거에는 현역 판정을 받는 확률이 50퍼센트 정도였다. 면제를 받거나 대체복무를 하는 경우가 전체 병역의무자의 절반 정도 되었다는 의미다. 그러나 요즘에는 거의 모두가 현역 판정을 받는다. 과거보다 요즘 청년의 신체 상태가 좋아졌다고 해석할 수도 있겠지만 감소하는 병역의무자 수에서 병력 정원을 유지해야 하기에 결과적으로는 고육지책이라 할 수 있다. 이런 상황에서는 군 복무 기간을 단축하기도 어렵다.

과거 한국의 군 복무 기간은 3년 정도였지만 꾸준히 단축되어 현재는 18개월까지 줄었다. 지금은 폐지되었지만 병역의무가 있던 독일에서는 복무 기간이 9개월까지 줄어들기도 하였다. 스위스는 군사훈련을 받는 기간이 일반병의 경우 300일로 10개월 정도이다. 학교 졸업과 사회 진출이라는 인생의 이행기를 거쳐야 하는 청년 입장에서 군 복무 기간이 선진국처럼 짧으면 더 좋을 수 있다. 그러나 현재의 병력 자원 상황과 군대 구조라면 군 복무 기간을 18개월보다 더 단축하기는 어려울 수 있다. 2018년 수립한 '국방개혁 2.0'대로 의무병 복무 기간을 18개월로 유지한다면 10년 정도 지난 2030년대 중반에는 병력 50만 체제가 무너질 것이라는 예측도 있다. 만약 군 복무 기간을 24개월로 다시 늘린다면 50만 병력을 좀 더 유지할 수는 있을 것이다. 그러나 고양이 목에 방울 달듯이 군 복무 기간을 18개월에서 24개월로 늘리려는 정치인은 없을 것이다. 국민의 저항 강도는 짐작하기 어렵지 않다.

결국 징병제에서 모병제로 전환하는 구조적 변화가 불가피할 것이다. 장교와 부사관을 더 많이 모집하여 직업 군인 수를 확대하고 여성에게 더 많은 문호를 개방하는 변화가 이어져야 한다. 사람 수에 의존하지 않는 첨단기술 집약형 군대, 전문화와 효율화된 병력 구조, 비전투 업무 영역에서 민간 인력 증원, 예비군 제도 개선 등의 국방 개혁 과제가 남게 된다.[4]

국방 개혁의 앞날이 그리 쉽지는 않을 것이다. 기술집약형, 첨단형 같은 이야기는 막대한 국방예산을 전제로 한다. 대북 관계에 대한 견해 차이가 정치 사회적 갈등의 주요인 중 하나임을 감안하면 국방예산 증가를 둘러싼 거센 논쟁이 전개될 수 있다. 게다가 인공지능으로 사람이 하던 일을 대체한다고 해도 비싼 비용을 들여 설치한 장비가 무용지물이 되는 경우가 심심치 않게 알려지곤 한다. '북한군 노크 귀순, 철책 귀순, 헤엄 귀순'과 같은 사건은 첨단 과학 시스템 역시 이를 운영하고 관리하는 사람의 능력이 없다면 효과가 떨어진다는 것을 방증한다. 군대 장비를 최첨단화하여 병력 감소에 대비한다는 계획의 한계다.

원하는 사람들이 직업으로 군대를 선택할 수 있도록 하자고 해도 간단하지 않다. 모병과 징병의 비율을 어느 정도로 할지 혹은 완전 모병제로 할지 선택하는 과제가 있다. 지금처럼 병역의무자 수가 감소한다면 징병보다 모병 비율이 높아질 것이다. 그럴 경우 누구는 군대를 가고 누구는 가지 않는 '유전 면제, 무전 현역'이라는 해묵은 갈등이 더 심해질 가능성도 있다. 어느 정치인이 '30세 이전에 3명 이상 자녀를 출산하는 남성은 군대를 면제한다'라는 이야기를 흘려 많은 사람들을 화나게 한 적도 있다. 군 입대는 한국 사회에서 뜨거운 감자 같은 주제이므로, 모병 비율을 높이면서 징병이 줄어들수록 그 범주에서 누가 징병되느냐 안 되느냐를 두고 갈등이 폭발할 우려도 있다.

모병제를 통해 군대를 괜찮은 일자리로 만들지 못한다면 군대는 저소득층 혹은 사회적 약자층이 몰리는 공간이 될 수도 있다. 모병제 찬반양론에서 자주 제기되는 문제다. 모병제가 경제적 징병, 즉 저소득층 청년의 어쩔 수 없는 선택을 부추길 수 있다는 주장이다. 반면 상대적으로 높은 소득을 보장하고 군 복지급여 등 조건을 양호하게 만들어놓으면 중산층의 일자리로서 군대가 될 수 있다는 주장도 있다.

출생아 수가 아무리 줄어도 국가 안보 차원에서 군대가 사라질 수는 없다. 최첨단 과학기술이 급성장해서 로봇이나 AI 군인이 인간을 대체하는 변화가 일어나지 않는 이상 군대는 한국 사회의 생존을 위해 반드시 유지해야 하는 제도이다. 그런데 군대를 유지하는 필수 기본 요소인 사람이 사라져간다. 모병제와 군 현대화를 적절히 조합하는 방향으로 국방개혁을 추진할 때이다.

○ 아이가 태어나지 않는 마을

2023년 4월 KBS 1TV에서 방영된 〈시사기획 창〉 '저출산 40년, 다가오는 재앙' 편에는 40년 가까이 아이가 태어나지 않은 마을이 소개되었다. 그 마을에서 마지막으로 태어난 아이는 아이라는 표현이 어색하게도 1988년생, 방송일 기준으로 35살이었다. 인근 마을에서도 마지막 출생 신고가 1991년에 있었다. 1988년 딸을 출산했던 그 어머니는 앞서 1986년에는 아들을 출산하였다. 아이를 둘 낳고 보니 지역 보건소에서 더 이상 출산을 하지 못하도록 난관 수술을 권했다는 인터뷰 내용도 있다. "딸, 아들 구별 말고 둘만 낳아 잘 기르자"라는 표어 아래 산아제한 정책을 강력히 시행하던 때였다. 그렇게 아이가 태어나지 않게 된 이 마을의 주민 수는 한때 300명을 넘었지만 지금은 36명만 남았다고 한다. 살던 사람은 죽고 빈집은 늘어나고 있다. 주민 중 1명을 제외하면 모두 60대 이상이고 마을 이장의 나이도 68세이다. 사람이 사라지기 시작하면서 마을과 마을을 다니던 버스도 줄어들고 사라져간다. 과일 가게, 생선 가게, 양조장, 주조장, 파출소 등 마을을 유지하던 기본 시설도 더 이상 없다.

저출생 및 저출산 현상을 논할 때 빠지지 않는 주제가 '지역 소멸'이다. 지역 소멸론은 사실 누군가를 위축시키거나 가슴 아프게 할 수 있는 자극적인 언어이다. 연못에 던진 돌이 개구리에게는 생명의 위협이 될 수 있듯이 '지역소멸위험지수' 혹은 '소멸 위기 지역'과 같은 용어의 낙인 효과와 폭력성을 고려하지 않을 수 없다. 그러나 우리는 사람이, 특히 젊은 사람들이 사라지면서 지역이 활력을 잃고 살기 좋은 장소로서 매력을 상실하고 있는 현재에 주목할 필요가 있다.

소멸 위기 지역, 소멸 위험 지역과 같은 용어는 2015년 무렵까지 거의 언급되지 않았다. 이 개념을 우리나라에 처음 가지고 온 사람은 마스다 히로야(増田 寬也) 일본 전 총무대신으로 짐작된다. 2014년에 그가 저술한 『지방소멸(地方消滅)』이 한국에 소개되었는데 이후 2016년 한국고용정보원 이상호 박사가 이 책을 인용하며 논쟁을 본격화했다.

당시 이상호 박사는 지방소멸 가능성을 가늠하기 위해 '20~39세 여성인구(이른바 가임기 여성인구) 비중'을 제시하였는데, 이 지표에 의한 '소멸위험지수'란 이렇다. 20~39세 여성 인구수에서 65세 이상 고령 인구를 나누었을 때 여성 인구수가 고령 인구수보다 적을 경우 인구학적 쇠퇴 위험

단계에 진입하게 되었음을 의미한다. 이 기준을 2016년에 적용하면 이미 소멸 주의 단계에 들어간 지역이 228개 기초지자체 중 77개에 달하며, '가임기 여성인구' 비중이 낮은 지역은 출산율이 아무리 높아도 소멸 위험에서 벗어나기 어렵다고 전망하였다.[5]

이상호 박사의 연구 결과 발표 이후 소멸위험지수 관련 언론 보도 건수가 크게 늘어나며 지역 소멸과 관련된 논쟁이 촉발됐다. '가임기 여성'이라는 표현도 다분히 논쟁적인 표현이다. 여성을 출산 정책에서 객체화, 대상화하는 개념상의 위험이 존재하기 때문이다. 그러나 이러한 위험이 있음에도 불구하고 이 개념은 우리가 처한 상황을 간접적으로 실감할 수 있는 하나의 기준을 마련했다. 그 상황이란 이런 것이다. 인생의 황혼기에 접어든 사람들은 많은데 아이를 출산할 수 있는 사람 수가 적으면, 결국 출산율이 아무리 높아도 그 지역에서 아이 수가 줄어들고, 점차 지역이 소멸하게 될 것이라는 시나리오다.

2015년 소멸 위험 담론이 한국 사회에 나오기 직전, 소멸 위험에 진입한 지역 수는 77개, 소멸 고위험 지역 수는 3개였다. 2021년에는 소멸 위험 진입 지역 수가 69개, 소멸 고위험 지역 수가 37개가 되어 전국 228개 시군구 기초지자체 중 소멸 위험 지역은 총 106개, 전체의 46.5퍼센트를 차지하게 되었다. 전국 시군구의 절반 정도가 아이는 태어나지 않고 노인만 살다가 곧 사라질 가능성이 있는 것이다. 역설적으로 이들 지역의 합계출산율은 서울 등 대도시보다 높다. 서울의 각 자치구 합계출산율은 소멸위기 지역 합계출산율의 절반 수준이 안되는 경우도 많다.

일각에서는 기존의 소멸위험지수가 인구 변화에 영향을 미치는 수많은 요소를 배제했다는 문제를 꾸준히 지적해왔다. 사망과 출산 같은 자연적인 변수만 고려하였기에 장기적이고 포괄적이지 않았고, 단기적으로 숫자를 높일 수 있는 실적 경쟁이 정책으로 이어졌다. 인구 유입을 위한 청년정책에 시선이 쏠리면서 중장년층은 정책에서 소외되는 현상도 일어났다.[6] 청년이든 노인이든 누구든지 지역에 들어와 산다면 지역 활성화가 될 수 있다. 대도시에 있는 집을 정리하고 귀촌하여 여생을 즐기려는 65세 이상 노인들이 많이 모여든 지역을 소멸위기라 말할 수 있을까? 거주하는 사람 수는 많지 않지만 일자리나 관광 등을 이유로 지역을 찾는 사람들이 많다면, 이러한 지역을 소멸위기라 할 수 있을까? '정주인구'는 적지만 사실상 그 지역에서 통근, 통학, 관광, 휴양, 취업 활동, 사업 등을 통해 소비하고 생활하는 '생활인구' 개념의 중요성을 강조하는 접근이 필요하다.

K-소멸위험지수는 기존 소멸위험지수의 한계를 보완하기 위해 재구성되어 소멸 고위험 지역의 합계출산율이 수도권보다 높은 경우가 많음에 주목하였다.[7] 이 지수에서는 다른 여러 요소들, 특히 경제적 요소를 고려한 소멸 위기 지역 산출을 시도했는데, 측정 지표는 ①인구 증감률 ②인구 1,000명당 종사자 수 ③1인당 지역내총생산 ④고부가가치 기업 진출률(총사업체 대비 지식산업 비율) ⑤최근 1년간 연구개발 지출 정도 ⑥지역 내 다양한 산업군 분포 등이다.

K-소멸위험지수를 적용하게 되면 인구 소멸 위기에 대한 접근이 주민등록 신고에 기반한 정주인구 중심에서 생활인구 중심으로 옮겨갈 수 있다. 물론 소멸위험지수를 어떻게 구성하든 고령화와 더불어 저출생 현상이 지속된다면

지역에서 사람은 계속 사라지게 될 것이다. 출산율이 높아도 출생률을 높이기에는 청년인구 규모가 너무 작기 때문이다. 그렇지만 소멸위험지수를 정주인구만을 토대로 하지 않고 생활인구를 반영할 수 있도록 확장시킨다면 소멸위기 지역에 대한 편견을 극복하고 좀 더 유연하고 다양한 대응책을 마련할 기반이 생길 것이다.

이를 위하여 2023년 1월 1일부터 인구감소지역 지원 특별법이 시행되었다. 이 법을 보면 인구 소멸 위기 지역의 법률적 명칭, 즉 정부에서 공식적으로 사용하는 명칭이 '인구감소지역'임을 알 수 있다. 자칫 자극적이고 지역에 대한 편견을 만들어낼 수 있는 '소멸'이라는 단어 사용을 자제하는 것이다. 이 법에서 '생활인구' 개념이 나온다. 생활인구는 특정 지역에 거주하거나 체류하면서 생활을 영위하는 사람으로, 먼저 정주인구가 포함된다. 여기에 통근, 통학, 관광, 휴양, 업무, 정기적 교류 등의 목적으로 특정 지역을 방문하여 체류하는 사람이 생활인구를 구성하는 요소로 포함된다. 또한 단순 관광객이 아닌 외국인 중 대통령령으로 정하는 요건에 해당하는 사람도 생활인구에 포함된다.

K-소멸위험지수는 사라지는 지역 위기에 대응하기 위하여 정주인구만을 기준으로 하던 지역인구 개념에서 벗어나 생활인구로서 지역인구 개념을 확장했다. 지역인구로서 생활인구가 기존 정주인구에 더하여 실제로 지역에서 생활을 하는 내외국인을 포함하는 개념이 되는 것이다. 지역인구 개념을 정주인구에서 생활인구로 확장함으로써 주민등록 신고 인구수에 근거하던 예산 등 지원을 다양한 인구 집단을 대상으로 늘릴 수 있는 법적 토대를 마련했다는 데 의미를 찾을 수 있다.

지역인구 개념 확장과 더불어 '관계인구'라는 개념도 나왔다. 관계인구는 일본에서 먼저 나온 개념으로 법률적 근거가 있지는 않지만 해당 지역과 밀접한 관계를 맺고 살아가는 사람들의 집합을 의미한다. 지금은 살고 있지 않더라도 해당 지역이 고향이라서, 가족도 있고 친구들도 있어서 지속적으로 지역을 방문하는 사람이 있다. 이를 '방문형 관계인구'라고 한다. 반면 직접 방문은 하지 않지만 해당 지역에 여러 이유로 관심을 갖고 기여를 하는 사람이 있을 수 있다. 여러 지자체에서 실행하는 고향사랑기부제에 참여하는 사람들이다. 이들을 '비방문형 관계인구'로 분류한다. 지역에 대한 비방문형 관계인구의 관심이 커지고 또 구체화되면 이들이 방문형 관계인구가 될 수 있다. 또한 관계인구가 생활인구로서 지역인구가 될 가능성도 있다. 나아가 아예 주민등록을 옮기는 정주인구가 되기도 할 것이다.

앞으로 사라지는 마을들이 나타나겠지만 그 속도를 늦추거나 반전을 시도하려는 여러 노력이 있다. 정주인구에만 고착되지 않고 생활인구, 관계인구로 개념을 확장하면서 지역인구 감소에 대응하고 있다. 아직은 눈에 띄는 성과를 보기 어렵다. 크게는 수도권 비수도권 간 국토 균형발전 정책들이 어떻게 전개되느냐, 단기적으로는 매년 1조 원씩 투자하고 있는 '지방소멸대응기금'을 제대로 사용하느냐에 지역인구 감소의 흐름이 달려 있다고 보겠다.

갈라지는 사회

○ 가난한 노인, 부자 아이

한국의 노인은 가난하다. 세계에서 제일 가난하지는 않지만, 경제개발협력기구(OECD) 회원국 노인 중에서 우리나라 노인이 제일 가난하다. 정확히 말하면 OECD 회원국 중 상대적 빈곤에 빠져 사는 노인이 전체 노인에서 차지하는 비율이 제일 높다. 상대적 빈곤이라 함은 중위소득 50퍼센트 이하의 소득으로 살아가는 상태를 의미한다. 소득만을 기준으로 하는 가계동향조사 자료를 토대로 했을 때 노인 빈곤율은 2016년 46.5퍼센트나 되었다. 그러나 부동산 자산까지 포함하는 가계금융복지조사 자료를 활용하면 노인 빈곤율은 2021년 기준 37.6퍼센트이다. 노인 10명 중 4명 정도가 중위소득 50퍼센트 이하인 상대적 빈곤 상태에서 살아간다는 이야기다. 가계동향조사 자료를 활용할 때보다 가계금융복지조사 자료를 활용할 때 노인 빈곤율이 10퍼센트 가까이 내려감에도 불구하고 우리나라 노인 빈곤율은 여전히 OECD 최고다.

'OECD, poverty rate'라는 키워드로 검색을 하면 각 회원국 빈곤율을 비롯해 소득 불평등에 대한 자료를 지속적으로 업데이트해서 볼 수 있는 사이트가 나온다.[8] 2020년을 기준으로 할 때 우리나라 뒤를 따르는 국가의 노인 빈곤율은 에스토니아(34.6퍼센트), 라트비아(32.2퍼센트), 리투아니아(27퍼센트), 그리고 미국(22.8퍼센트) 정도다. 우리가 흔히 아는 선진국인 독일, 오스트리아, 핀란드 등 국가들의 노인 빈곤율은 10퍼센트를 조금 넘거나 그 아래 수준이며, 노르웨이의 노인 빈곤율은 3.8퍼센트로 OECD 회원국 중 가장 빈곤하지 않은 국가이다.

지금 우리나라 노인들이 가난한 이유는 대다수가 연금 없이 노인이 되었기 때문이다. 1988년 국민연금제도를 처음 시작했을 때 중소기업, 영세규모 사업장, 자영업자 등 대다수 취업 활동 인구가 연금 가입에서 제외되었다. 지불 능력이 있는 대기업을 중심으로 연금제도를 시작했기 때문이다. 게다가 적립방식, 즉 낸 만큼 나중에 연금을 받아가는 방식을 사용했기 때문에 최소 가입 기간이라는 것이 있었다. 지금은 10년인데, 당시에는 5년이었다. 연금 가입 연령이 60세까지이기 때문에 1980년대 말 당시에 50대 중반이던 사람들은 최소 가입 기간을 채울 수 없어 대기업에 다닌다 하더라도 가입이 안 되었다. 그리고 그때나 지금이나 한국의 기업 문화는 40대 중반, 50대 초반이 되면 직장을 나가야 하는 분위기가 팽배하다.

이런저런 이유로 취업 활동 인구 중 국민연금제도가 시작된 1990년경 당시 연금에 가입하는 사람들의 수는 많지 않았다. 국민연금공단 자료를 보면 1995년 연금 가입자 수는 7,496,623명이었다. 750만 명에 가까운 수준이다. 같은 해 취업 활동 인구 수는 2천만 명을 약간 넘었다(2,414만 명).

취업 활동자 중 40퍼센트도 안 되는 사람들만 국민연금 가입해 있었다는 의미다. 이들 중 상당수가 현재 70~80대 노인인구를 형성하고 있다.

이들은 사실 자녀를 노후보장 대책으로 믿었던 세대이기도 하다. 우골탑(牛骨塔)이라는 말이 상징하듯, 소를 팔아서 자녀 대학 등록금을 댈 만큼 어려운 사정에도 자녀들의 진학에 아낌없이 투자했다. 그러나 이들의 자녀들인 50~60대들은 부모를 부양할 여유가 없다. 게다가 여전히 자녀가 결혼할 때까지 부양부담을 해야 한다. 결국 현세대 노인은 연금도 없이, 자녀에게 의지도 못 한 채 노후 빈곤에 시달리고 있는 셈이다.

한국의 노인은 가난한데 아이들은 부자다. 한국의 아동 빈곤율은 OECD 회원국 중 최저 수준이다. 이 역시 OECD 사이트에 빈곤(poverty)을 검색해서 들어가면 확인할 수 있는데,[9] 2020년 기준 한국의 17세 이하 아동 빈곤율은 9.8퍼센트이다. 아동 100명 중 10명이 채 안 되게 상대적으로 빈곤하다는 의미다.

세계에서 1인당 소득이 가장 높은 수준에 속하는 룩셈부르크의 아동 빈곤율도 15.6퍼센트다. 독일, 프랑스, 영국 등도 우리나라보다 아동 빈곤율이 높다. 핀란드, 덴마크, 스웨덴과 같이 알려진 복지국가 정도가 우리나라보다 아동 빈곤율이 낮다.[10] 물론 최근에는 다른 조사 자료를 통해 우리나라의 아동 빈곤율이 12.3퍼센트까지 나오기도 하지만 여전히 OECD 평균보다 낮은 수준이다.

어떤 이유에서 우리나라 아동이 우리보다 1인당 국민소득도 높은 국가의 아동보다 잘살고 있는 것일까? 먼저 한부모가구 비율이 낮은 편이기 때문이다. 우리나라 전체 가구 중 한부모가구가 차지하는 비율은 7퍼센트 정도 수준이다. 독일이나 프랑스의 경우 동 비율이 20퍼센트 정도이다. 전체적으로 볼 때 한부모가구 비율이 높을수록 아동 빈곤율이 높아진다. OECD 회원국 평균을 보더라도 부모가정보다 한부모가구의 빈곤율이 세 배 이상 높은 경향을 보인다. 자녀를 돌보면서 취업 활동을 하기가 어려운 상황에 처하기 쉽기 때문이다.

아동 빈곤율이 가장 낮은 국가인 핀란드의 경우, 맞벌

이 가족의 빈곤율은 2퍼센트인 반면 한부모가구 빈곤율은 16.3퍼센트이다. 한부모가구 빈곤율이 8배 이상 높다. 스웨덴과 노르웨이도 한부모가구 빈곤율이 맞벌이 가족 빈곤율의 5배 이상이다. 한부모가구 빈곤율이 9.7퍼센트로 매우 낮은 덴마크의 경우에도 맞벌이 가족 빈곤율은 3.5퍼센트이다. 한부모가구 빈곤율이 3배 정도 되는 셈이다.

우리나라 한부모가구 빈곤율은 47.7퍼센트로 맞벌이 가족 빈곤율 10.7퍼센트의 4배 이상 수준을 보인다. 한부모가구 두 가구 중 한 가구가 빈곤하지만, 전체 가족 중 한부모가구가 차지하는 비율이 낮기 때문에 아동 빈곤율에 한부모가구 빈곤율이 비중 있게 반영되지 않는다.

둘째로 사회보장급여의 소득대체율이 높을수록 저소득층이 아이를 낳을 여유를 가질 수 있다. 사회보장급여 소득대체율이 높은 서유럽 복지국가에서는 저소득층이 아이를 낳는 데 상대적으로 부담이 덜하지만 우리나라 저소득층은 다르다. 저소득층이 아이를 낳지 않거나 못 낳기 때문에 아동 빈곤율이 낮은 것이다.

사회보장급여의 소득대체율이 왜 저소득층 출산에 영향을 줄까? 내가 버는 소득과 사회보장급여 간 관계에서 사회보장급여 소득대체율이 나온다. 예를 들어 연금 가입자의 평생 평균소득이 500만 원인데, 연금을 200만 원 받는다면 연금의 소득대체율은 40퍼센트이다. 연금 소득대체율을 검색어로 치면 많은 결과가 나온다. 그러나 '사회보장급여 소득대체율'을 치면 검색 결과가 신통치 않다. 연금은 단일한 사회보장제도의 하나이지만, 사회보장급여 자체는 매우 포괄적인 개념이기 때문이다. 내 소득을 대체해주는 사회보장제도는 다양하다. 연금뿐 아니라 출산장려금이나 아동수당이 있을 수 있다. 아이가 어린이집에 갈 때 지원받는 보육료도 내 소득을 대체하는 사회보장급여가 된다. 건강보험이 있기 때문에 병원에 갈 때 10만 원 낼 치료비를 5천 원만 낸다면 나머지 9만 5천 원이 내 소득을 대체하는 사회보장급여가 된다.

다양한 사회보장급여가 나의 소득을 어느 정도로 일정하게 대체해주는지 계산하기는 어렵다. 월 소득 300만 원인 엄마가 받는 보육료 지원이 30만 원이라면 보육료의 소득대체율은 10퍼센트가 된다. 아동수당 10만 원을 추가하면 소득대체율은 더 올라간다. 그런데 출산장려금 500만 원을 받는다면 소득대체율 계산을 어떻게 할 것인가? 출산장려금은 일회성으로 받는 사회보장급여이기 때문에 500만 원의 출산장려금을 받았다고 300만 원 소득을 100퍼센트 이상 넘어갔다고 말하기 어렵다. 게다가 아이가 병원에 갔을 때 본인부담금을 제외한, 건강보험공단에서 지불한 나머지 치료비의 소득대체율을 평균적으로 계산하기도 어렵다. 사회보장급여의 소득대체율을 일목요연하게 보여주기가 사실상 불가능한 것이다.

그러나 한 가지 분명한 흐름은 있다. 저소득층일수록 본인 소득에서 사회보장급여의 비중이 높을 수 있다는 점이다. 출산장려금이나 아동수당, 아동양육수당 등 현금 지원을 확대해도 중산층의 출산율을 높이기는 어렵다. 소득 대비 현금급여 액수의 비중이 상대적으로 낮기 때문이다. 서유럽에서 저출산 현상이 나타났을 때에도 모든 여성이 아이를 낳지 않았다기보다 중산층 고학력 여성이 아이를 낳지 않음에 그 원인이 있었다. 독일의 경우에도 2000년대 넘어서까지 지속된 저출산 현상의 주요인은, 저소득층은 사회보장급여의 소득대체 효과에 힘입어 일정 정도 출산율을 유지한 반면, 중산층 고학력 여성(Akademikerinnen)의 출산율이 낮았다는 데 있었다.

사회보장급여의 소득대체율이 높은 복지국가일수록 저소득층은 일정 정도 아이를 낳기 때문에 결국 빈곤선 이하에 사는 아동의 수도 많아진다. 사회보장급여의 역설인 셈이다. 그래서 부모의 사회경제적 지위가 자녀에게 대물림되는 계층 격차를 서구사회가 해결해야 할 중요한 과제로 보기도 한다. 우리나라의 늘봄학교와 같은 전일제학교를 확대하여 오후에 학교에 머무는 시간을 늘리고 점심도 주는 등 교육과 돌봄 서비스를 제공함으로써 저소득층 아동의 성장 환경을 개선하는 노력이 이런 맥락에서 이루어지고 있는 것이다.

반면 우리나라는 사회보장급여의 소득대체 효과가 저소득층의 출산 의도를 높일 정도 수준은 아니라고 볼 수 있다. 여기에 사교육비 부담이 크기 때문에 저소득층 입장에서는 점점 아이를 낳을 수 없는 환경이 된다. 경제적 여유가 없으면 아이를 낳을 수 없는 사회가 된 것이다. 한국에서 태어나는 아이들이 유럽에서 태어나는 아이들보다 더 부자인 이유이다. 부자 아이와 가난한 노인의 대비가 뚜렷할 정도로 노인과 아이들이 갈라지고, 또 아이를 낳는 부모와 아이를 낳지 못하는 부모가 갈라지는 사회의 모습이다.

o 희망을 잃은 청년들의 나라

2020년 개봉한 영화 〈성혜의 나라〉는 결혼과 자녀 출산을 꿈꾸기에는 현재가 너무 힘든 청년의 삶을 보여준다. 코로나19 집단 감염 사태가 막 시작하던 시기에 개봉한 탓인지, 아니면 우리가 보기에 너무 불편한 내용에서인지 관객이 그리 많이 찾지 않은 영화다. 그래도 2018년 전주 국제 영화제 대상 수상으로 좋은 성적을 거뒀다. 그런데 영화 관련 댓글 중 "청년의 가난을 전시하는 영화는 이제 그만"과 같은 내용이 눈에 띈다. 청년의 가난을 감상하기에는 다소 불편할 수 있고 일부 청년의 이야기를 지나치게 일반화시켰다고 생각할 수도 있다. 그러나 최근 한국 사회의 흐름을 보면 영화 내용이 그리 과장이라고 보기도 어렵다.

'삼포세대'라는 말을 들어본 적이 있을 것이다. 삼포세대는 2011년 즈음 청년이 연애, 결혼, 출산 세 가지를 포기하기 시작했다는 기사가 나오면서 본격적으로 사용되기 시작했다. 세대를 특징짓는 표현을 사용하긴 했어도 당시 청년의 어려움은 개인 차원의 문제였다. 청년의 어려운 상황을 표현하는 '삼포'가 있었을 뿐, 청년에게 그 무엇을 포기하게 끔 하는 구조에 대한 구체적 언급은 없었다. 2014년 즈음에는 '헬조선'이 등장했다. 헬조선에서 청년은 연애, 결혼, 출산에 더하여 내 집 마련과 인간관계를 포기할 수밖에 없다는 '오포세대론'이 나왔다. 청년이 포기하는 삶의 구조이자 요인으로서 헬조선이 묘사되기 시작한 것이다.

이 무렵 세상을 떠들썩하게 했던 '땅콩 회항 사건'이 헬조선 담론에 불을 붙였다. 돈 많은 부모를 둔 젊은 여성이 이륙을 위해 공항에서 움직이기 시작한 비행기를 돌리게 했다는 이야기는, 그 자세한 정황에 대한 논란을 떠나 많은 청년들에게 상대적 박탈감을 심어주는 기폭제가 되었다.

헬조선은 희망을 잃은 청년을 양산하는 사회적 구조의 또 다른 이름이었던 셈이다.

여기에서 잃어버린 다섯 가지 목록에 꿈과 희망까지 더하여 '칠포세대론'이 등장했다. 헬조선의 모습을 더욱 구체화한 표현으로서 흙수저, 금수저를 구분하는 이른바 '수저계급론'도 나왔다. 그리고 포기하는 목록 일곱 가지에 건강과 외모 관리를 더한 '구포세대론'이 청년의 삶을 묘사하는 상징어가 되었다. 포기하는 목록이 다양해지고 셀 수 없어지자 이제는 'N포 세대론'으로 정리가 되었다. 삼포세대론에서 N포세대론으로 넘어오는 시간이 불과 4~5년 걸렸다. 청년이 포기하는 삶의 목록이 빠르게 늘어나는 속도만큼이나 청년의 좌절도 커졌다.

성혜의 나라는 헬조선, 수저계급사회의 다른 이름이다. 숨겨놓은 돈 있을 리 없는 흙수저 부모 집을 나와 성혜는 서울로 왔다. 비수도권에서 서울과 수도권으로 학교와 일자리를 찾아 이동하는 한국 사회 청년의 전형적인 모습이다. 나이 서른이 되도록 구직 활동을 하는 모습도 마찬가지다. 다른 나라 청년들에 비해 사회 진출이라고 할 수 있는 구직 기간이 우리나라 청년들은 더 길다. 구직 과정에서 부모의 경제적 지원을 받기 어려운 많은 청년들이 편의점 알바 등 각종 시간제 노동을 한다.

성혜도 그렇다. 여성 청년이 경험하는 성희롱과 성폭력도 빼놓을 수 없는 경험의 목록이다. 성혜는 인턴 생활을 하다가 회사 과장으로부터 성추행 피해자가 되지만, 그 때문에 오히려 구직에서 더 어려움을 겪는다. 아무리 일하고 또 일하고 준비해도 원하는 일자리를 언제 갖게 될지 몰라 불확실할 뿐이다. 기약 없이 공무원 시험을 준비하는 남자친구가 등장하지만 성혜의 인생에서 오래 남지 않는다. 성혜의 다른 친구들 상황도 그리 다르지 않다.

『82년생 김지영』(조남주, 2016)이 80년대생 청년, 특히 여성 청년의 상징이라고 할 수 있다면 성혜는 90년대생 청년의 상징이다. 금수저가 아닌 성혜의 부모는 국민기초생활보장 급여를 받는 저소득층도 아니다. 그야말로 이 땅의 보통 사람들이다. 자신들이 딱 먹고 살 수 있을 정도로 벌이를 하면서 성장한 자녀로부터 혹시나 도움을 받을 수 있을까 기대해보지만, 부모와 자식이 서로 도와줄 수 없이 자신들 밥벌이에 정신이 없다. 그러다가 조금 여유가 생기면 고기도 사 먹고 자동차 여행도 가며 평범하게 살아가는 사람들인 것이다.

지극히 정상적인 삶에서 반전은 기대하기 어렵다. 그런데 이 영화는 영화답게 영화적 요소를 통해 다소 희망적(?)으로 끝을 맺는다. 결국 부모가 교통사고로 죽으면서 받은 보상금이 성혜의 인생을 바꿔준다. 영화가 진행되는 내내 웃음기 없던 성혜의 얼굴에 잔잔한 미소가 퍼지면서 여유롭게 자전거를 타고 가는 장면으로 영화는 끝이 난다. 현실에서 찾기 어려운 희망이라 어떤 면에서는 더 허탈하게 한국 사회 청년의 삶을 보여주는 모양새다. 나의 노력만으로는 꿈을 이루기 어려운 청년의 관점에서는 판타지 같은 결말이라 할 수 있겠다. 부모의 죽음으로 받은 5억이 있었기에 청년 성혜는 은퇴를 택한다. 그런 보상금을 받을 가능성이 전혀 없는 한국 사회 청년들은 은퇴도 못 한다. 그렇다고 원하는 일자리를 얻어서 제대로 데뷔할 수 있는 희망도 갖기 힘들다. 영화는 그런 한국 청년들의 현실을 비틀어서 보여주는 듯하다.

82년생 김지영은 한국 사회에 문제 제기를 하면서 분노를 표현했고 변화도 요구했다. 그러나 개봉 연도 2020년 기준으로 92년생 성혜를 짐작해보자면 분노하지 않는다. 변화도 요구하지 않는다. 내내 지친 모습만 볼 수 있다. 부모의 사망으로 받은 보상금 5억을 투자해 새로운 출발의 기회로 삼지 않는다. 그냥 모든 일을 그만두고 은퇴하는 계기로 삼으면서 비로소 웃음을 찾을 뿐이다. 82년생 김지영은 어찌 됐든 결혼도 하고 아이도 낳았다. 92년생 성혜에게 결혼은 먼 나라 이야기다. 80년대에 태어난 이들이 한창 아이를 낳았던 시기에는 합계출산율이 그래도 1.1~1.3명은 되었다. 그러나 90년대생들이 본격적으로 출산을 하기 시작한 최근 합계출산율은 1.0 아래로 곤두박질쳤을 뿐 아니라 0.8~0.7 계속 기록 경신을 할 태세이다. 우연일까? 쿼바디스 한국(Quo vadis, Korea), 어디로 가시나요, 한국? 청년 성혜가 질문을 던지고 있다.

○ 아이를 낳는 사람, 낳지 못하는 사람

'출산가구'라는 개념이 있다. 해당 연도에 아이를 낳은 가구를 뜻한다. '가구'는 먹고 자며 생활하는 단위다. 1인 가구처럼 혼자일 수도 있고 여러 명일 수도 있다. 한부모든 부모든 아이를 낳고 함께 살면 그해의 출산가구가 된다. 예전에는 아이를 많이 낳아서 가난해진다는 말이 있었지만, 이제는 가난한 집일수록 아이를 낳지 못하는 현상이 나타나고 있다. 한국경제연구원의 유진성 박사가 한국노동패널 자료를 분석한 결과다.[11]

출산가구를 저소득층, 중산층, 고소득층으로 분류하여 소득 수준별 출산가구의 비중을 보면 저소득층과 중산층의 출산은 감소하고 고소득층 출산은 증가하는 양상을 관찰할 수 있다. 소득 수준을 가르는 기준은, OECD에 따르면 중위소득의 75퍼센트 이하를 벌면 저소득층, 200퍼센트 이상을 벌면 고소득층이다. 긴급복지지원법 대상자 기준도 중위소득 75퍼센트 이하다.

가계금융복지 조사 자료를 기준으로 2021년 1인당 중위 소득은 연 3,174만 원이다. 1년에 2,380만 원 아래로 벌면 저소득층이고 6,348만 원 이상을 벌면 고소득층에 속한다는 의미다. 그 사이는 중산층이다. 노동패널조사에서 적용한 가구소득 수준은 세전소득, 즉 세금을 내기 전 소득이 아니라 가처분소득이다. 다시 말해 가구에서 소비할 수 있는 세후소득을 기준으로 소득계층을 분류한 자료다. 또한 인구 고령화에 따라 더 이상 출산을 하지 않는 나이가 든 사람들이 모집단으로서 가구에서 차지하는 비중이 높아진다. 그렇게 되면 전체 가구에서 출산가구가 차지하는 비율이 실제 아이를 낳는 혹은 낳을 수 있는 가구의 비중은 축소해서 나타날 수 있다. 따라서 출산가구의 가구주 연령을 합계출산율 기준 연령인 15~49세로 동일하게 맞춰서 출산가구 실태를 분석한 자료이기도 하다.

먼저 출산가구의 출산 양상은 어떠한가? 우선 모두가 아이를 낳지 않는 세상이 되었기 때문에 저소득층, 중산층, 고소득층 할 것 없이 출산율은 하락했다. 소득 수준과 관계없이 100가구당 아이 낳은 가구 수는 2010년 5.98가구에서 2019년 3.81가구로 감소하였다. 100가구 사는 마을에서 여섯 집 정도에서 아이 울음소리가 들렸다면, 이제 네 집이 채 안 되게 줄어든 것이다. 주변에서 어린아이들을 점점 볼 수 없는 이유이기도 하다. 이 안에서도 가난한 사람들은 더 아이를 못 낳는 상황이 되었다.

출산가구의 출산 하락 폭을 자세히 뜯어보면 소득 수준에 따라 하락의 정도가 다르게 나타남을 알 수 있다. 저소득층의 경우에는 100가구당 출산가구 수가 2.72가구에서 1.34가구, 즉 약 세 가구에서 한 가구 수준으로 떨어졌다. 중산층은 100가구당 6.5가구에서 3.56가구로 출산가구 수가 감소하였다. 45.3퍼센트에 달하는 감소 비율이다. 중산층 100가구 사는 아파트가 있다고 할 때 매년 일곱 집에서 아이가 태어났다면, 이제는 네 집 정도에서만 아이가 태어난다는 의미다. 고소득층의 경우에는 상대적으로 감소 폭이 작다. 1년에 6~7천만 원 이상을 버는 고소득 100가구 중 아이 낳은 가구 수는 7.63가구에서 5.78가구로 줄어들었다. 24.2퍼센트의 감소 폭이다.

아이를 낳은 가구의 소득 분포는 어떻게 될까? 아이를 낳은 가구가 100가구 있다고 전제하고 그중 저소득층, 중산층, 고소득층의 비율로 나누어 살펴보면 2010년에 아이를 낳은 가구 중 저소득층이 차지하는 비율이 11.2퍼센트였다. 2019년에 이 비율은 8.5퍼센트로 떨어졌다. 23.6퍼센트의 감소율이다. 100가구가 아이를 낳았는데, 그중 저소득층 가구 수가 아홉이 채 안 된다는 의미다. 중산층 가구의 비율은 42.5퍼센트에서 37퍼센트로 떨어져서 13퍼센트의 감소율을 보였다. 아이 낳은 100가구 중 중산층이 37가구 있는 셈이다. 고소득층 가구의 비율은 46.3퍼센트에서 54.5퍼센트로 증가하였다. 17.6퍼센트의 증가율이며, 아이 낳은 100가구 중 고소득층이 54가구 정도 있다는 이야기다. 아이를 낳은 100가구가 저소득층 9가구, 중산층 37가구, 고소득층 54가구로 이루어져 있음을 알 수 있다.

결과적으로 모두가 아이를 낳지 않기 시작한 시대이지만 고소득층은 그래도 아이를 낳고 있으며, 중산층은 아이 낳기를 주저하고 있으며, 저소득층은 아예 출산을 포기하기 시작했다고 추측할 수 있다. '유전무죄, 무전유죄'라는 말이 있지만 이제는 '유전자녀, 무전무자녀'이라는 말이 생길 수도 있겠다. 경제가 어렵다는 이야기가 만연해도 아이가 아주 어릴 때 태우는 이른바 '이니셜 유모차'값은 백만 원이 넘고 좀 더 규모가 커지는 전동 유아차 가격이 2백만 원에서 4백~5백만 원 정도까지 올라간다. "결제한 지 두 달하고도 열흘 만에 출고 연락을 받았습니다"라는 이야기가 유튜브에 올라올 정도로 인기가 높다. 물론 고소득층뿐 아니라 중산층, 저소득층 부모들이 한번 낳은 아이에게 돈을 모아 좋은 것을 사준다고 볼 수도 있다. 그러나 돈 없으면 아이 못 키우는 세상이 곧 현실이 되었음을 부인하기는 어려울 것이다.

상황이 이렇다 보니 저소득층이 아이를 낳을 수 있도록 현금 지원을 확대하자는 제안이 나온다. 지자체에서 주는 출산장려금, 중앙정부에서 주는 아동수당, 부모급여, 첫만남 이용권 등을 저소득층에게 차등 적용하여 더 많이 지급하고 소득이 높아질수록 지급 액수를 적게 하는 방법이다. 우리나라의 경우 국내총생산(GDP) 대비 가족복지지출 비율이 OECD 회원국 평균 수준 이하이고 그중 현금급여 비율도 낮은 편이다. 따라서 자녀 양육을 위한 현금급여 수준을 높이는 과제를 꾸준히 해나가야 한다.

하지만 현금급여를 확대하여 저소득층의 출산율을 높이는 방법은 태어난 아이의 돌봄과 교육을 국가와 사회가 어떻게 지속적으로 책임지느냐에 따라 그 결과가 다르게 나타날 수 있다. 부모의 사회경제적 지위가 자녀에게 대물림되는 현상에 어떤 대책을 내놓을 것인가, 아이가 태어나서 초등학교를 졸업할 때까지 어떤 사회적 돌봄과 교육 서비스를 제공할 것인가에 따라, 현금급여 확대로 출생아 수가 증가하더라도 가져올 수 있는 결과가 다를 수 있다는 것이다.

중산층에 비해 돌봄과 교육에서 상대적으로 열악한 환경에 처하기 쉬운 아이들만 늘어나고 이 아이들을 우리 사회가 어렸을 때부터 어떻게 제대로 키워낼지에 대한 준비가 따르지 않으면 저소득층 대상 출산장려 차원의 현금급여 확대는 오히려 미래에 사회 불안 요인이 된다. 더 나아가 중산층에 비해 저소득층에게는 현금급여가 갖는 소득대체 효과가 높아서 특히 엄마의 경제활동참가가 감소할 수 있다. 장기적으로 볼 때 인구 고령화에 따른 인구부양 부담을 줄이기 위하여 여성 경제활동참가율을 높여야 하는 한국 사회에서는 바람직하지 않은 현상이다. 한국 사회에서 태어나는 아이들이 부모의 재산, 소득, 지위, 인종, 문화에 관계없이 모두 우리의 미래를 이끌어 나갈 인재로서 성장할 수 있도록 사회적 돌봄·교육 인프라를 구축하면서 부모의 비용 부담 분담을 위한 지원을 병행해야 할 것이다.

아이

울음
소리가

사라
지는

이유

아이를 낳지 않는 백만 가지의 이유가 있다.
그런데 결국 그 백만 가지 이유는 비용 부
담, 변하지 않는 가족 관계, 그리고 정책의
실패로 모인다. 2000년대 초반 저출산에 대
한 사회적 관심이 높아지기 시작했을 때 비
슷한 이유를 이야기하기 시작하였다. 그런
데 해마다 저출산 기록을 갈아치웠다는 이
야기만 요란할 뿐 변화에 대한 희망이 보이
질 않는다. 왜 그런가?

———————————

아이를 낳을 수 없는
필요조건과 충분조건

○ 아이를 낳지 않는 백만 가지 이유?

왜 아이를 낳지 않는가? 어느 전직 대통령이 "아이는 자기 먹을 것을 갖고 태어난다"라는 말을 한 적이 있다. '아이낳기 좋은 세상 운동본부' 출범식에서 한 말이다. 이는 산업화 이전 시대, 농촌 생활에서의 경험에 맞는 이야기일 뿐이다. 산업화 이전 사회에서는 아이 수 자체가 노동력으로서 가치가 있었다. 아이들이 말을 알아듣는 시기가 되면 무슨 역할이라도 해서 집안에 보탬이 되었다.

그러나 산업사회에서 경제가 성장하고 소득과 교육 수준이 높아지면 자녀는 노동력으로서 의미가 없어지고 오히려 부모의 투자 대상이 된다. 그리고 어느 순간부터는 부모의 투자를 받은 자녀가 부모의 노후보장 역할을 수행하지 못하게 된다. 결국 부모의 입장에서 볼 때 태어난 아이에 대한 투자 대비 효과는 사라지고 부양 부담만 늘어나게 되는 것이다.

이미 후기산업사회로 이행한 한국에서 아이는 자기 먹을 것을 갖고 태어나는 존재가 아니다. 결혼하고 아이를 낳는 것이 자연스러운 생애주기라는 개념도 흔들리고 있다. 이미 결혼부터가 당연하지 않다. 결혼과 출산은 생애주기의 자연스러운 현상이 아닌 치열한 기획이 되었다. 가족이나 집단보다 내 인생이 중요한 세상이 된 것이다.

아이를 낳지 않는 이유는 개개인의 수만큼이나 다양해졌다. 저출산 현상에 대해서도 누구나 다 한마디씩 할 수 있을 정도로 수많은 이유가 있다. 그도 그럴 것이 출산은 나의 일이자 내 가족의 일로 직간접적으로 누구나 아이를 낳고 키우는 과정을 경험하고 있으니 말이다. 국가대표팀 축구 경기를 보면서 이런저런 코멘트를 하면 누구나 축구 전문가가 되고 대표팀 감독이 되듯이, 아이를 낳지 않는 이유에 대해서도 사람들은 개별적 경험에 바탕을 두고 많은 이야기를 쏟아낼 수 있다. 아이를 낳지 않는 이유는 그야말로 백만 가지쯤 될 것이다.

뉴스 데이터 분석을 해주는 '빅카인즈BIG KINDS'라는 사이트에서 저출산의 이유를 찾는 검색어를 넣으면 빈도수가 높게 나오는 연관 검색어들이 있다. '경제적'이라는 검색어가 가장 많이 등장하는데, 경제적이라는 표현은 사교육비, 교육비, 양육비, 자녀 양육 부담, 일자리, 경제불황, 계층간(격차) 등 검색어들과 연결될 수 있다.

경제적 요인 외에도 비혼과 결혼 기피도 많이 등장한다. 그리고 실효성과 종합 대책이라는 검색어도 나온다. 저출산 대응에 실패한 정책에 문제를 제기하는 것으로 볼 수 있다. 이 검색어를 종합해 기준 삼는다면 '왜 저출산인가?'에 대한 답을 찾아가는 과정은 경제적 요인, 가족 요인, 그리고 정책 요인에서 출발할 수 있다. 백만 가지의 이유가 비용, 가족관계, 정책의 실패로 모이는 것이다.

사실 아이 낳기 어려운 이유로 비용 부담을 이야기하는 목소리가 제일 클 수 있다. 아이를 낳으면 생기는 비용 부담은 노후에 대한 불안으로도 이어진다. 한정된 소득과 불안한 일자리에서 아이에게 쓰는 비용을 감안하면 노후 준비를 제대로 하기 어렵다는 것이다. 그래서 출산을 포기하거나 1명 정도에서 멈추게 된다. 무상보육이 실시되고 중학교 의무교육까지 도입되고, 고등학교 등록금도 내지 않는 세상이 되었다. 교육비 부담이 예전과 비교하여 줄었음에도 대학교 학비는 여전히 부모 부담이다.

대학교 학비의 경우 등록금 부담이 없는 서유럽 복지국가들과 비교하면 한국은 여전히 교육비 부담 수준이 높은 국가다. 여기에 한국 특유의 경쟁사회가 유발하는 엄청난 사교육비가 양육비 부담을 가중시킨다. 옷, 장난감, 유아차에 들어가는 돈은 물론, 그럴듯하게 캠핑도 해야 하며 해외여행을 가서 내 아이가 '개근 거지'라는 말을 듣지 않게 해야 하는 강박관념이 한국 사회를 유령처럼 떠돌고 있다.

"아이 기죽을까 봐 외제차 사고 무리해서 해외여행 간다, 딩크족 등 무자녀 가구들이 자녀를 낳지 않는 이유로 시간적 경제적 여유 외에도 경쟁이 심한 한국 사회의 분위기를 문제로 꼽았다" 등은 2023년 12월 7일 보건복지부가 저출산 대응 정책 과제를 만들기 위해 개최한 '패밀리스토밍'이라는 행사에서 나온 이야기 중 하나다.

교육비와 양육비 부담을 견뎌낼 수 있는 자격이 부모의 됨됨이와 동일시되다 보니 경제불황이 지속되고 안정된 일자리가 점점 줄어드는 시대에 청년들은 결혼할 엄두를 내지 못한다. 어느 아파트 단지에 사느냐, 아파트에 사느냐 빌라에 사느냐, 서울에 사느냐 서울 밖에 사느냐, 수도권에 사느냐 비수도권에 사느냐를 두고 사람을 차별하는 사회에서 내 아이가 기죽지 않고 살게 하려면 먼저 번듯한 집을 마련해야 한다. 그러나 그럴 여유가 없다. 지금 내가 살고 있는 원룸 월세 내기도 어렵다. 어려운 여건에서도 좀 더 나은 일자리를 찾고 미래의 주거를 준비하려는 욕구는 변할 수 없다. 그러다 보니 졸업 이후 취업을 통해 사회에 진입하는, 청년 생애주기로서의 이행기가 길어진다. 결혼도 늦어지고 출산도 역시 늦어진다. 고령출산이 늘어나기도 하고 아예 출산 자체를 할 수 없는 경우도 늘어난다.

직장여성들이 일·가정 양립을 할 수 없기 때문에 저출산 현상이 지속된다는 주장도 빼놓을 수 없다. 누구나 연애할 때는 맞벌이를 당연하다고 이야기한다. 그러나 막상 아이가 태어나고 상황이 어려워지면 경력이냐 가정이냐를 선택해야 하는 기로에 일반적으로 여성이 서게 된다. 그런 모습을 본 청년들은 아예 결혼을 포기하기도 한다.

저출산의 요인을 비용, 일자리, 주거 등 경제적 요인보다 가족 관련 가치관의 변화와 일·가정 양립이 불가능한 현실에서 찾는 것은 비교적 최신의 경향처럼 들릴 수도 있겠지만 이미 2005년부터 언론에서 나오기 시작한 이야기다. 여성의 사회참여가 증가한 시대에 여성의 입장에서는 비혼으로 살게 되면 지금 당장 소득이 낮아도 조금 벌고 인생을 더 여유롭게 살 수 있다. 반면 결혼을 하고 아이를 낳으면 독박 육아와 경력 단절이 당장 자신의 문제가 될 수 있다. 이런 불안감을 안고 결혼을 '감행'할 의지가 있는 여성의 수가 점점 줄어든다.

남자의 입장에서는 어떤가. 남성이 가장 역할을 도맡을 만한 세상이 아니다. 외벌이로 가족을 부양할 여건이 되지 않는다. 맞벌이를 해야 아이도 낳고 어느 정도 살아갈 수 있다. 그러나 한국 사회의 가족 관념과 제도는 여전히 남성 중심이다. 경제적 부양 능력을 갖춘 가장이 되어야 제대로 성장한 어른으로서 인정받는다. 주민센터에 가서 세대주 신고를 할 때에도 남녀 모두 별 생각 없이 아빠를 세대주, 즉 가구의 대표로 기재한다. 우리에게 내면화되어 있는 가장으로서의 아빠 모습이 청년 남성의 어깨 위에 부담으로 내려앉아 있다.

맞벌이로 결혼 생활을 시작하더라도 아이가 태어나면 엄마의 독박 육아와 경력 단절이 이어질 수 있다. 아빠 자체가 가부장적이어서가 아니다. 아이가 아파서 조퇴해야 하거나 아이를 빨리 데리러 가야 할 때 엄마는 직장에서 자연스레 양해를 구할 수 있다. 그러나 아빠가 그러기는 어렵다. 공무원, 공기업, 대기업 등에서 육아휴직을 하는 아빠가 늘어나고 있다지만 일반 사기업, 중소기업에서는 여전히 어렵다. 아이 때문에 조퇴와 '칼퇴근'을 하고 육아휴직을 하는 아빠에게 사회적 분위기 때문에 노골적으로 뭐라 하는 윗분들이 예전처럼 많지는 않다. 그러나 여전히 많은 아빠들이 조용히 승진에서 누락되고 직장 관계에서 배제될 수 있다는 불안을 느끼고 있다. 그런 아빠들을 보면서 많은 남성들이 비혼을 생각하게 된다.

저출산을 만들어내는 경제적 요인과 가족관계 요인에 지금까지의 정책적 대응은 적절하지 못했다. 가족의 자녀양육비 부담을 덜어줄 만큼 돈을 쓰지 않았다. 사교육비 지출을 과감하게 포기하고 공교육 체계를 신뢰할 수 있도록 부모의 마음을 돌릴 투자도 부족했다. 일자리와 주거에 대한 청년들의 불안 역시 해소하지 못했다. 수백조 원의 저출산 예산을 썼다는데 그게 무슨 소리냐고? 저출산 예산 지출에 대한 내용은 뒤에서 상세히 다루겠지만 중요한 점은 아이를 낳으면 부모가 함께 일하고 돌볼 수 있다는 희망이 제시되지 못했기 때문에 비혼을 선택하는 현실이 만들어졌다는 사실이다. 경제적 요인, 즉 비용 부담을 덜어줄 수 있는 저출산 예산의 투자 확대는 부족하였고 비혼과 결혼 기피의 확대를 막는 새로운 가족으로서의 희망을 보여주지 못했다. 정책의 실패다.

○ '상대적 저출산 국가'가 의미하는 바

한국 언론들은 2000년대 초반부터 지금까지 20여 년 동안 합계출산율 역대 최저, 사상 최저, 세계 최저 보도를 반복하고 있다.

- 2004년 합계출산율 1.18, 세계 최저로 추락한 출산율
- 2005년 출산율 1.08명 사상 최저, 美의 절반
- 2007년 한국 여성 출산율 1.2명, 세계 최저
- 2008년 출산율 1.2명, 초등생수 347만 명, 역대 최저
- 2010년 한국 합계출산율 1.24명 세계 최저, 지난 5년간 42조 예산 쏟아붓고도 효과 미미
- 2013년 다시 꺾인 출산율, 출생 아이, 인구 1천 명당 8.6명 역대 최저, 초등학생 272만 명 역대 최저
- 2015년 결혼·출생 역대 최저… 연간 출생아 43만 명 무너진다
- 2016년 출산율 1.17명… 출생아 수 40.6만 사상 최저, 결혼도 출산도 안 하는 나라

- 2017년 출생아 수 40만 명도 깨졌다… 합계출산율도 1.05명 사상 최저, 10년간 80조 쏟아부었지만…
- 2018년 출산율 0.98명 사상 최저, 어느 나라도 가보지 않은 길 가는 한국… '출산율 0명대' 현실화
- 2019년 출산율 0.92명 '사상 최저' 엄마 되는 나이 32.2세 '사상 최고', 자살률 최고, 출산율 최저
- 2020년 합계출산율 0.84명 최저, 세계에서 가장 아이 안 낳은 나라
- 2021년 남녀 200명이 아이 81명 낳는다… 출산율 또 역대 최저, 아기 울음이 사라졌다
- 2022년 합계출산율 '역대 최저' 0.78명… OECD 평균 의 절반 못 미쳐, 저출산 대책 공회전
- 2023년 합계출산율 0.7명… 0.6대 출산율 앞둔 한국

　지난 20년간의 변화를 설명하는 내용인데 읽느라 지루했을 것 같다. 결국 '역대 최저'라는 말만 반복될 뿐이기 때문이다. 합계출산율이 초저출산의 기준이라고 하는 1.3에서 0.7로 떨어지기만 하는, 다른 어떤 국가에서도 볼 수 없는

상황이 20년 가까이 반복되고 있음에도 저출산 대응 정책은 효과 없이 지금 상황에 이르렀다고 요약할 수 있다. 매년 최저출산율 기록만 바뀔 뿐 반등의 징조가 보이지 않는 이유가 무엇일까?

이렇게 일정한 감소 추세가 있다면, 감소 추세의 이유를 설명해주는 일정한 흐름이나 구조가 있을 것이다. 저출산의 이유가 하나뿐이라면 핵심 요인이 긍정적으로 변할 때마다 출산율이 반등하는 모습을 보일 것이다. 하지만 한국의 저출산·저출생의 변하지 않는 하향 곡선은 단일 요소가 아닌, 복합적이고 구조적인 특징으로 설명될 수 있음을 짐작하게 한다. 그 특징에는 무엇이 있을까?

이 질문에 답을 해줄 좋은 자료가 있다. 정부에서 2015년에 만든 제3차 저출산·고령사회 기본계획(2016~2020)이다. 이 기본계획에서는 상대적으로 아이를 낳는 국가와 낳지 않는 국가를 분류하였다. 경제 수준이 어느 정도 높아지면 이전처럼 여성들이 아이를 3~4명 낳지 않고 합계출산율은 높아도 2.0 내외를 보인다. 낮으면 2.0보다 낮은 것인데,

2.0에서 어느 정도 더 내려가느냐 정도의 차이로 국가를 분류한 것이다.

이런 의미에서 당시 기준으로 상대적 고출산 국가에는 프랑스(합계출산율 1.98), 스웨덴 등 북유럽권(1.91), 미국(1.86) 등이 있다. 상대적 저출산 국가에는 독일(1.42), 스페인 등 남유럽권(1.27)이 자리했다.

아이를 많이 낳는 국가들은 공통적으로 사회문화적으로 남녀평등하며, 다양한 가족을 인정하는 제도를 갖춘 동시에 이민자에게 높은 수용성을 보인다. 정책적으로는 일·가정 양립이 수월하고 양육에 대한 경제적 지원 수준이 높으며 육아 인프라가 잘 갖추어져 있다. 물론 국가마다 제도의 지향성이 다를 수 있다. 예를 들어 육아 인프라의 경우에 프랑스와 북유럽권은 공공시설 중심인 반면, 영미권과 특히 미국은 민간 영리시설 중심이다. 어찌 됐든 부모가 일하러 나갈 때 아이가 방치되지 않고 돌봄과 교육을 받을 수 있게끔 구축되어 있다는 사실이 중요하다.

아이 울음소리가 여기저기에서 들리는 국가에서는 아빠가 엄마와 함께 아이를 돌보는 모습이 신기하거나 새롭지 않다. 반드시 결혼을 해야만 아이를 낳을 수 있다는 '정상 가족'에 대한 고정관념도 강하지 않다. 자기 나라로 들어와 살기를 원하는 외국인을 수용하는 수준도 높다. 사회문화적으로 성평등의 수준 또한 높고 다양한 가족 형태를 인정한다. 그러다 보니 이주배경 아동을 자기 나라의 아이로 키우기 위해 개방적이고 적극적인 정책을 펼친다. 부모가 일·가정 양립을 이루며 살아갈 수 있도록 많은 지원을 한다. 현금, 서비스, 세제 혜택 영역에서 가족복지 지출 비율이 높다. 돌봄 지원 투자 수준이 높다 보니 사회적 돌봄 인프라가 잘 구축되어 있다. 자녀 양육 비용 부담도 상대적으로 낮은 수준이다.

상대적 저출산 국가의 사회문화적 분위기는 가부장적 가족관계를 지향하며 정상 가족에서 이탈하는 가족에 높은 수준으로 거부감을 보인다. 이주배경 인구에 대한 포용성이 낮으며 정책적으로도 부모, 특히 여성이 일·가정 양립을 할 수 있는 지원 체계가 미흡하다. 사회적 돌봄 인프라 구축 또한 포괄적이지 않다. 현금, 서비스, 세제 혜택 영역에서는 가족복지 지출 수준이 낮거나 지원을 하더라도 현금 지원에만 치우치다 보니 영유아기에서 아동기에 이르는 사회적 돌봄체계 구축이 잘 되어 있지 않다. '아이는 엄마가 키워야 한다'는 가부장적 성별 역할 분리 규범이 강하기에 사회적 돌봄에 대한 투자가 미흡한 양상을 보인다. 사회적 돌봄 체계의 부족은 여성이 엄마와 직장 중 하나를 선택하도록 강요하며 결국 결혼과 출산을 포기하게 만든다.

한국은 유감스럽게도 상대적 저출산 국가 그룹에 속한다. 한국에서 아이를 키우는 존재는 아빠보다는 엄마다. 맞벌이가 증가하고 가사와 돌봄노동을 분담하는 남자가 늘어나고 있지만 그 수는 여전히 적다. 비혼 출산은 금기다. 한부모가족은 사회적 낙인의 상징이다. 외국인과의 결혼, 공동생활, 동거 등 다양한 삶의 형태는 여전히 개인의 결단을 필요로 한다. 설문조사에서는 이들에 대해 개방적 의견을 보이기도 하고, 그들 앞에서 노골적으로 불편함을 드러낼 수 없는 사회적 분위기 정도는 형성되었지만 막상 본인의 일이 되면 거부감을 느끼는 이들이 많다. "요즘 젊은 사람들이 동거할 수도 있지. 외국인 사위, 며느리 좋지. 이혼해도 그게 무슨 흠이야?" 이렇게 말하는 사람들은 많다. 그런데 막상 내 자식이 연애하는 친구 손을 잡고 와서 동거하겠다고 이야기하면, 외국인 연인을 데리고 와서 결혼하겠다고 한다면, 게다가 그의 피부색이 어둡다면 어떨까.

한국 사회에는 여전히 인종적, 문화적 편견이 강하다. 정책적으로 보더라도 부모의 일·가정 양립은 고사하고 엄마의 일·가정 양립이 어렵다. 여성의 독박 육아와 경력 단절이 보편적이다. 영유아기까지는 그래도 어떻게 버틸 수 있는 사회적 돌봄 체계가 있지만 초등 돌봄 절벽이 존재한다. 저출산 예산 수백조를 썼다는 선동적인 문구가 넘쳐나지만 실제 가족복지에 지출한 규모는 OECD 회원국 하위권 수준이다. 해마다 출산율 '세계 최저' 표현이 반복되는 이유이다.

○ 한국의 속사정

3차 기본계획은 우리나라에서 가부장적 가족관계가 지배적이고 다양한 가족에 대한 수용도가 낮으며 이주배경 인구에 대한 거부감은 높다는 진단을 내놨다. 그렇다면 우리나라의 저출산 대응 정책은 어땠을까? 우리나라 또한 나름 대로 아이를 낳지 않는 이유를 파악하여 2006년부터 저출산·고령사회 기본계획을 시행해왔다. 1차 저출산·고령사회 기본계획부터 4차 기본계획을 살펴보면 한국 정부에서 파악한 저출산의 이유와 대책의 흐름을 알아볼 수 있다.

2006년부터 2015년 사이, 1~2차 저출산·고령사회 기본계획 기간에는 저출산의 이유를 혼인 부부, 특히 엄마가 일하는 사이에 아이를 맡길 곳이 없는 데에서 찾았다. 1차 기본계획에서는 결혼연령 상승, 출산 기피 인식 확대 등 가치관 변화, 소득과 고용의 불안정, 일·가정 양립 곤란, 자녀 양육 부담 증가 등을 저출산의 주요인으로 지목하고 있다. 무엇보다도 2000년대 초반 맞벌이 부부가 보편적인 현상으로 떠오르면서 '결혼을 하지 않는' 게 아닌 '결혼한 사람들이 아이를 낳지 않는' 점에 주목하였다. '여성의 경제활동 참여와 자아실현욕구 증가를 뒷받침할 수 있는 가족·사회 구조 및 인식의 변화 미흡'[12]을 언급하면서 저출산 기본계획의 추진 과제로 '출산과 양육에 유리한 환경 조성'을 내걸었다.

이를 위한 세부 추진 과제가 '출산 양육의 사회적 책임 강화, 일·가정 양립이 가능한 사회 시스템 구축, 가족친화·양성평등 사회문화 조성'이었다. 2차 저출산 기본계획에서도 출산과 양육에 유리한 환경 조성은 추진 과제로서 지속되었다. 세부 추진 과제도 '일·가정 양립 일상화, 결혼·출산·양육 부담 경감, 아동·청소년의 건전한 성장 환경 조성'으로 부분적 내용 변화만 있었다.

그 결과 1차에서 2차로 이어지는 기본계획 10년 동안 어린이집 등 영유아기 보육 시설과 어린이집 수를 획기적으로 늘리고, 무상보육을 확대하는 등 사회적 돌봄체계를 중심으로 한 '저출산 예산' 투자가 있었다. 유치원은 학교이기 때문에 쉽게 늘리기 어려우므로 영유아보육법에 어린이집을 사회복지시설로 규정하고 어린이집 확대를 추진한 것이다. 그 결과 2006년 전국 어린이집 수 2만 9천여 개, 이용아동 수 100만 명이 2014년에는 각각 4만 3천여 개, 150만 명으로 늘어났다.

그러나 영유아기 사회적 돌봄을 위해 예산을 투입했음에도 출산율은 계속해서 떨어졌다. 이에 3차 기본계획을 준비하는 과정에서는 1~2차 기본계획의 저출산 원인 파악과 대응이 미시적 요인에 치중했다는 진단이 나왔다. 저출산의 이유를 찾는 데 집중하다 보니 그러한 이유를 발생시키는 거시적이고 사회구조적인 요인을 놓쳤다는 접근이었다. 청년이 결혼을 못 하거나 거부하게 되는 사회구조와 그로 인한 비혼 경향의 확대가 저출산 현상이 나타나는 이유인데, 결혼을 전제로 한 정책적 대응이 주를 이뤘음을 반성한 것이다. 그래서 3차 기본계획에서는 비혼 확대의 구조적 요인인 주거, 교육, 일자리 등에 투자를 확대하는 것으로 정책의 주요 흐름을 바꾸었다. 그 결과 저출산 예산에서 주거 지원을 포함한 청년 지원 비중이 급상승하였다. 이것이 오늘날 저출산 예산 거품 논란의 시작이 되기도 했다.

저출산 예산 투자를 어디에 할 것인지 정책 영역을 수정하긴 했지만 1~3차 저출산 기본계획이 일관되게 보인 흐름이 있었다. 출산 장려이다. 장려는 좋은 일을 하도록 권하거나 도와주는 행위다. 그 일이 좋은 것인지 나쁜 것인지는 권하거나 도와주는 주체가 판단한다. 국가가 보기에 출산은 좋은 것이니 한번 해보라고 권하거나 도와주는 게 출산 장려다. 과거 산업화 시대 경제성장을 위하여 국가가 산아제한 정책을 시행하고 심지어 보건소에서 낙태 시술까지 해주면서 출산을 억제한 시기가 있었다. 이제 출생아 수가 줄어드는 상황이 되니 정책의 흐름이 아이를 낳으라고 장려하는 방향으로 바뀌었을 뿐, 국가가 투자할 테니 따라오라는 식의 투입 산출식 관점은 바뀌지 않은 것이다.

하지만 온 국민이 국가를 중심으로 단결하여 경제성장에 매진하던 시대는 이미 지났다. 많은 청년들은 앞장서는 국가를 쫓아가는 집단주의적 행태에 익숙하지 않다. 자신의 인생이 국가적 과제보다 중요한 시대이다. 1960년대 이후 압축적 근대화 과정을 통해 산업사회가 되었던 한국이 2000년대에 들어서 이미 탈근대주의적 후기산업사회로 진입하였기 때문이다. 그럼에도 여전히 국가는 "출산은 좋은 것이고 내가 도와줄 테니 하도록 해"라고 말하는 것이다.

그나마 1차 기본계획에서는 출산 장려 표현이 군데군데 등장하지만 출산율 목표를 노골적으로 제시하지는 않았다. 1차 기본계획 5년 동안 출산과 양육에 유리한 환경을 조성하고, 그다음 2차 기본계획 5년간 출산율을 점진적으로 회복하며, 3차 기본계획을 마무리하는 2020년에는 OECD 회원국 평균 수준의 출산율에 도달한다는 단계적 목표를 제시하였다. 2차 기본계획에서도 시행 기간 중 점진적 출산율 회복을 거쳐서 2016년 이후 2030년까지 OECD 회원국 평균 출산율을 회복한다는 목표를 제시하였다.

그런데 3차 기본계획에서는 아예 2014년 기준 합계출산율 1.21을 2020년까지 1.5로 높이겠다는 매우 구체적인 숫자를 목표로 제시했다. 물론 국민의 세금으로 정책을 시행하면 그 결과가 구체적으로 나와야 책임 있는 정책 집행이라고 볼 수도 있다. 그러나 당장 눈앞에 어떤 결과를 내놓아야 반드시 좋은 정책은 아니다. 더군다나 아이를 낳는 결정은 매우 복잡하면서 복합적인 요인으로 구성되는 과정을 거친다. 그야말로 그냥 아이를 낳는 사람도 있지만 이제 출산에는 오랜 고민과 치밀한 계획이 따른다.

정부의 2020년 출산율 목표는 많은 이들의 냉소적 반응을 샀다. 이런 기사까지 나왔다. "헬조선에서 아이 낳아봐야 금수저들에게 노예를 공급해주는 것밖에 더 되겠나

요. 저출산은 노동력 귀해지니 축복이죠. 싼값에 노예 충원해야 하는 기업과 정부에게는 재앙이겠지만……." 실제로 2016년 1월~2018년 1월 기간 출산·육아 관련 기사의 네이버와 다음 댓글 459만 3,811건을 분석하자 헬조선, 노예, 집값, 흙수저, 금수저 등의 반응이 주를 이루었다는 조사도 있다. 상당히 극단적인 표현이지만, 출산율 목표를 숫자로 구체화하는 국가의 담대한 계획이 많은 사람들의 냉소적 반응에 직면했음을 상징적으로 알려주는 기사다.[13]

국가가 투자하면 결과가 나와야 한다는, 일방적인 정책에 대한 비판이 4차 기본계획에 반영되었다. 2021년에서 2025년까지 시행되는 4차 기본계획에서는 청년세대의 어려운 삶에 더하여 '낮은 삶의 질'이 저출산의 주요인으로 등장했고 정책과제로 '개인의 삶의 질 향상, 성평등하고 공정한 사회'가 제시됐다. 추진 전략으로는 '함께 일하고 함께 돌보는 사회 조성', 주요 정책과제로서 '모두가 누리는 워라밸, 성평등하게 일할 수 있는 사회, 아동 돌봄의 사회적 책임 강화, 아동 기본권의 보편적 보장, 생애 전반 성·재생산권 보장'이 제시되었다.

성평등에 대한 강조를 계기로 여성의 독박 육아와 경력 단절과 같은 차별적 가족관계, 기혼 부부 대다수가 맞벌이 하는 사회에 걸맞지 않은 성별 역할 분리 규범, 즉 '아빠는 돈 버는 존재이며 주소득자이고 엄마는 돌보는 존재이며 보완적 소득자'라는 인식에 대한 문제 제기가 본격화되었다. 국가도 저출산의 중요한 이유를 국가의 구시대적 출산 장려정책, 낮은 삶의 질, 성차별적 가족관계와 제도 등에서 찾기 시작한 것이다.

4차 기본계획에서는 숫자로서의 출산율 목표를 포기하고 저출산의 가장 중요한 이유 중 하나로 성차별을 강조하기 시작하면서 저출산 대응의 중요한 경로로 성평등을 추가하는 변화가 있었다. 출산을 전제로 취업 지원, 주거 보장, 자녀 돌봄 비용 지원을 통해 경제적 불안을 해소한다는 관점에서 청년 지원 중심으로 저출산 예산을 확대했으며, 동시에 가족관계와 노동시장에서의 성평등 실현이 저출산 현상의 반전으로 이어질 가능성을 제시한 것이다.

○ 필요조건과 충분조건

아이를 낳을 수 없는 혹은 낳지 않는 이유에 대해 한국 사회는 지난 20여 년간 열띤 논쟁을 해왔다. 비용, 성평등, 가치관의 변화, 심지어 국회 토론회장에 앉아 있던 어떤 어르신이 성폭력이 저출산의 원인이라면서 열변을 토하는 장면을 직접 목격하기도 하였다. 처음에는 그 어르신의 이야기가 황당한 듯했으나 이렇게저렇게 듣고 보니 결국 성차별로 연결되는 내용이었다. 일견 논리가 있는 이야기였다. 이렇게 다양하게 쏟아져 나온 이야기들을 4차 저출산·고령사회 기본계획에서 크게 세 가지로 세분하여 열 가지로 분류하였다. 먼저 세 가지는 사회경제적 요인, 문화 가치관 요인, 그리고 인구학적 경로이다.

사회경제적 요인으로는 노동시장 격차와 불안정 고용 증가, 교육에서의 경쟁 심화로 인한 비혼과 만혼 경향 확대, 결혼 출산을 어렵게 하는 주거비용 상승, 성차별적 노동시장과 일·가정 양립의 곤란, 여전한 돌봄 공백이 있다. 문화 가치관 요인으로는 전통적이고 경직적인 가족 규범과 제도의 지속, 청년층의 인식과 태도 변화이다. 인구학적 경로는 주출산 연령대 여성인구의 감소, 혼인율의 지속적 하락과 초혼 연령 상승, 기혼 가구의 평균 출생아 수 감소 및 무자녀 비율 증가이다.

이중 인구학적 경로는 원인이라기보다는 결과에 가까운 성격을 갖는다. 결혼하고 아이 낳기 어려우니 혼인율이 하락하고 늦게 결혼하며 아이를 안 낳거나 하나 정도만 낳는 것이다. 90년대 중반까지 지속된 산아제한 정책의 영향과 80년대 극심했던 여아 낙태의 결과로서 주출산 연령대 여성인구 감소 정도가 원인이라고 볼 수도 있다. 그러나 80년대생보다 더 많이 태어난 90년대생이 주출산 연령대를 구성하는 요즘에도 출산율이 낮은 것을 보면 인구학적 요인보다 사회경제적 요인과 문화 가치관적 요인에서 저출산 현상의 시작을 찾을 수 있을 것으로 보인다.

그렇다면 사회경제적 요인을 한마디로 어떻게 표현할 수 있을까? 비용 부담이다. 결혼을 하고 아이를 낳고 키우려면 돈이 너무 많이 든다. 결혼 준비, 집 장만, 아이 돌봄과 교육에 대한 비용 부담이 크기 때문에 결혼을 하지 않고 결혼을 해도 아이를 낳지 않는다. 문화 가치관적 요인은 결국 성차별이다. 여성 사회참여가 빠르게 확대되고 있으며 '남자는 돈 버는 존재고 여자는 살림하고 돌보는 존재'라는 인식이 '남녀 가릴 것 없이 일해야 한다'는 인식으로 일반화되었다. 이 때문에 4차 기본계획에서는 남성은 '노동 중심', 여성은 '가족 중심' 생애가 아닌 남녀 모두 '노동 중심' 생애로 변화했다는 표현을 쓴다.

그러나 여성이 취업 활동을 통해 스스로의 길을 개척할지라도 결혼에 따른 독박 육아와 경력 단절의 위험은 여전히 공고하다. 비교적 직장 하나만 책임지면 되는 남성과 달리 여성은 가사 및 돌봄 노동에 더하여 직장까지 이중 부담, 즉 성차별에 놓인다.

저출산은 보편적 사회보장제도의 확립과 가족 지원 확대를 통해 비용 부담을 해소해야 반등할 가능성이 생긴다. 그러나 비용만이 저출산 해결의 열쇠는 아니다. 어느 부모에게 직장과 집이 있고 아이가 다닐 수 있는 어린이집도 있다고 하자. 아이를 어린이집에 데리고 가고 오는 책임을 엄마만 진다면, 엄마는 돈도 벌어야 하고 아이도 돌봐야 하는데 아빠는 여전히 돈만 번다면, 아이를 낳는 여성의 수가 그렇게 늘어나지 않을 것이다. 비용은 저출산 현상 반등의 '필요조건'이지만 '충분조건'은 아닌 것이다.

지금까지 우리나라에서 해온 저출산 대응 흐름을 보면 주로 결혼 지원과 임신·출산·돌봄에 따른 비용 부담을 덜어주는 데 집중한 경향이 있다. 그런데 아무리 비용 문제가 해결되어도 사람들이 금방 아이 낳을 생각을 하지는 않는다. 왜? 돈을 벌면 버는 대로, 아니면 못 버는 대로 내 생활에 만족하지 못하면 아이 낳을 생각을 하기가 어렵다. 결국 삶의 만족도가 낮으면 출산을 고려하기 어렵다는 의미다.

아이를 낳지 않는 이유, 낳지 못하는 이유는 결국 낮은 삶의 질에 있다. 그래서 4차 기본계획에서는 삶의 질 수준 향상을 정책 목표로 제시했지만 불친절하게도 삶의 질이 구체적으로 무엇인지 설명하지 않고 있다. 돈 걱정이 사라진다고 삶의 질이 무조건 높아지는 것은 아니다. 경제적 생활 수준 향상은 삶의 질 향상의 전제 조건이지만 삶에 만족하지 못한다면 돈이 아무리 많아도 삶의 질은 높아지지 않는다. 그래서 삶의 질을 결정하는 또 다른 요소가 '삶의 만족도'이다. 결국 삶의 질은 경제적 생활수준(객관적 삶의 조건)과 생활에 대한 주관적인 만족 수준(삶의 만족도)으로 결정된다.

객관적 삶의 조건이 좋으면서 삶의 만족도 수준이 높으면 삶의 질로서 행복happiness 상태에 있다고 할 수 있다. 반면 물질적으로는 살 만하지만 삶에 만족하지 않을 수 있다. 불일치dissonance의 상태이다. 객관적 삶의 조건으로서 경제적으로는 어렵게 살지만, 주관적으로 만족하면서 사는 사람들도 있다. 이는 적응adaptation 상태이다. 경제적으로도 힘들고 그래서 삶의 만족도 역시 낮을 때 이를 박탈deprivation 상태라고 말한다. 삶의 질이 행복이나 적응의 상태에 있을 때 아이를 낳을 가능성이 커진다. 경제적으로 어느 정도 살아도 내 삶에 만족하지 못하면 출산 의도가 감소할 것이다. 경제적으로도 어렵고 삶에 대해서도 만족하지 못하면 아이까지 낳을 생각을 하기는 어렵다.

삶의 질을 구성하는 요소로서 경제적 생활수준의 향상은 저출산 현상의 반등을 가져오는 필요조건이다. 여기에 더하여 주관적으로 내 삶에 만족하는 삶의 만족도는 충분조건이라고 볼 수 있다. 왜 아이를 낳지 않느냐? 하는 문제에 "비용 문제"라고 답한다면 필요조건에 초점을 맞춘 이야기가 되고 "성평등"이라고 답한다면 충분조건에 초점을 맞춘 이야기가 된다. 비용 부담 해소를 먼저 해야 하나, 엄마의 독박 육아와 경력 단절을 먼저 없애야 하나? 어느 것 하나 포기하거나 뒤로 미룰 수 없다. 필요조건으로서 비용 부담 해소, 충분조건으로서 성평등을 동시에 추진해야 한다.

물론 객관적 삶의 조건이 별로 좋지 않은데도 종교적 이유나 가치관 등으로 인해 주관적 삶의 만족도가 높은 이들도 분명 존재한다. 이를 적응 상태라고 한다. 그런데 우리나라의 문제는 이렇게 적응 상태보다 불일치나 박탈의 상태에 있는 이들이 다수인 것에 있다. 이런 의미에서 서유럽 복지국가의 역사적 경험을 잠깐 살펴볼 필요가 있다.

서유럽 복지국가에서는 제2차 세계대전 이후 복지국가 체제가 완성되어 비용에 대한 근심 걱정이 상대적으로 적었던 상황에서 저출산 현상이 나타났다. 1970년대 서유럽에서 여성의 사회 진출이 늘어날 당시 전통적인 복지국가는 어린이집, 요양 시설, 요양병원 등 사회적 돌봄체계가 확보되지 않은 상태였다. 그런데 여성 사회 진출이 확대되자 수많은 여성이 가족과 경력 사이에서 선택의 기로에 섰다. 여성의 선택은 당연히 경력이었고 결국 저출산 현상이 나타나기 시작한 것이다. 개인적 차원에서 여성의 결정은 사회적으로 마치 출산파업이라 묘사할 수 있을 정도로 각 국가가 역사상 경험하지 못했던 저출산율로 이어졌다.

여성의 출산파업에 대응하여 서유럽 복지국가가 선택한 길은 사회적 돌봄체계 구축, 성평등한 노동시장, 민주적 가족관계로의 변화였다. 이후 이들 국가에서 저출산 현상이 사라지기 시작했다. 이 내용은 3장에서 더 자세히 다루겠지만 여기서 먼저 알아야 하는 중요한 사실은 이들 국가에서 보편적 사회보장제도 확립 이후 임신·출산·돌봄 비용 부담이 상대적으로 덜한 상태에서 저출산 현상이 나타났다는 점이다. 이에 대한 대응으로 사회적 돌봄체계 구축과 성평등한 노동시장 및 가족관계로의 변화를 꾀함으로써 아이를 낳고 키우는 과정에서 여성과 남성 모두의 삶의 만족도를 높일 수 있었다. 비용과 성평등이 만나야 저출산 반등의 계기가 마련될 수 있음을 다시 확인할 수 있는 대목이다.

그러나 우리나라의 사회보장제도는 한국형 복지국가로서 성숙을 논하기에는 아직 보장 수준이 전반적으로 낮은 경향을 보인다. 비용이라는 필요조건과 성평등이라는 충분조건을 단계적으로 충족시켰던 서유럽 복지국가와 달리 우리나라는 동시에 두 마리의 토끼를 잡아야 하는 바쁜 상황에 있다고 말할 수 있다. 삶의 질로서 박탈의 상태를 없앨 수 있는 사회보장제도를 확대하면서 동시에 불일치 상태도 감소할 수 있는, 삶의 만족도를 높이는 투 트랙 전략의 길을 가야 하는 셈이다.

아이를 생각하기 어려운 시간들

o 결혼하지 않는 사람들

'시월드'라는 말이 있다. 한자어 시(媤)와 영어 월드(world)
가 합쳐진 말이다. '시집살이의 세계'라는 뜻이다. 기성세대
에게 결혼은 생애주기에서 일어나는 자연스러운 통과의례
였다. 나이로는 성인이 되었어도 결혼을 하지 않으면 어른
이 되지 않았다는 인식까지 있었다. 혼인 적령기가 있었고
이 시기를 지난 이들에게는 노총각, 노처녀라는 딱지까지
붙여줬다.

하지만 이제는 명절 때 온 가족·친척들이 모이면 "너는 나이가 몇 살인데 장가를 안 가냐, 시집을 안 가냐?"라는 용감한 질문을 하는 어르신은 거의 없을 것이다. 그만큼 부모와 조부모 세대에게 결혼이란 자연스러운 삶의 과정이었지만 이제는 결혼에 긴 고민과 치밀한 계획이 수반된다.

더구나 여성은 결혼을 전후로 인생이 확 바뀐다고 인식하기 시작하였다. 운명처럼 받아들였던 아내, 며느리, 엄마로서 역할에 문제의식을 갖는 여성들이 많아졌다. 상대적으로 많은 수의 남성이 결혼을 하고 가장이 되어야 인생의 과제를 완성하고 진짜 어른이 되었다는 의식을 갖고 있는 반면, 점점 많은 수의 여성들이 결혼을 선택하지 않음으로써 열리는 다양한 삶의 가능성에 눈을 돌리기 시작한 것이다.

청년 여성의 의식이 이렇게 변화한 데에는 여성 본인에게서도 원인을 찾을 수 있겠지만, 자신이 걸어온 인생을 내 딸은 반복하지 않았으면 하는 많은 엄마들의 바람이 투영된 측면도 있다. 자신처럼 결혼하고 아이 낳고 가족관계에 얽매여서 나만의 인생을 놓치는 과정을 내 딸만큼은 하지 않았으면 하는 기성세대 여성들이 많은 것이다. 엄마들이 딸에게 결혼하지 말라고 하거나 최소한 결혼을 강요하지 않는 경우를 주변에서 많이 볼 수 있다. 그래서 혹자는 나중에 수많은 비혼 여성이 나이가 들어 외롭게 사는 모습을 보면 그 시점 기준으로 청년들은 다시 결혼을 많이 하게 될 것이라는 이야기도 한다.

한편에서는 혼자 산다고 해서 반드시 노후가 외롭지만은 않을 것이라는 의견도 만만치 않다. 혈연으로 맺어진 가족이 아니더라도 사회적 가족을 이룰 수도 있지 않는가? 게다가 여성은 남성에 비해 가족을 넘어 관계를 맺는 기술이 높은 편이다. 누구 말이 맞는지 지금 단언하기는 어렵다. 그러나 한 가지는 분명히 말할 수 있을 것 같다. 시월드가 만들어내는 풍경들, 즉 여성이 결혼하면서 갖는 부담과 결혼을 비껴갔을 때 여성에게 열리는 삶의 가능성, 비혼 남성에게 결혼이 가하는 심리적 정신적 부담감은 남성 가장 중심, 부계 중심 가부장적 사회의 산물이라는 것이다.

여성에게는 불평등한 가족관계(시월드), 남성은 가장으로서 갖는 부양 부담이 결혼 관련 가치관을 변화시키는 주요인이다. 점점 많은 비혼 남녀가 결혼을 인생의 필수 과제로 받아들이지 않고 있다. 여성 10명 중 2명 정도만 결혼을 해야 하는 것으로 여긴다. 그렇다고 남성만 결혼을 원하는 것도 아니다. 여성보다 비율은 낮지만 이제 많은 남성들도 결혼을 꼭 해야 한다고 생각하지 않는다. 이렇게 계속 하락하는 결혼 의도 현황은 통계청에서 정기적으로 조사하는 사회조사에서 결혼 관련 가치관을 찾아보면 알 수 있다.

가족 관련 가치와 인식의 변화도 일어나고 있다. '제도로서의 가족'은 법적 관계에 기초해 혼인신고를 하고 사회에서 정식으로 인정받는 가족의 모습이다. 그러나 제도로서의 가족보다는 같은 공간에서 먹고 자느냐, 마음이 통하느냐, 생계와 주거를 공유하며 함께 사느냐 등 정서적 관계가 가족의 중요한 가치가 되고 있다. 한부모가족, 재혼가족, 미혼 부모 가족, 다문화가족, 입양가족, 비혼 출산 등 다양한 형태의 가족에 대한 인지도와 수용도도 높아지고 있다. 청년이면서 결혼을 하지 않은 경우 가족을 바라보는 시각이 더 개방적이다.

그러나 타인의 동거 사실에는 '그렇구나' 할 수 있어도, 내 동거 사실을 편히 알리기는 아직 머뭇거려지는 것이 현실이다. 다양성에 대한 수용도는 높아지고 있지만 그러한 인식의 변화가 실제 행위의 변화로 이어지는가에 대한 판단은 아직 이르다. 동거는 여전히 터부시되는 주제이며, 비혼 출산은 사회적 낙인으로 이어진다. 다른 나라들에서는 보편적인 동거, 비혼 출산, 아이 중심 가족 개념 등이 한국 사회에서는 아직 낯설다. 의식과 태도의 괴리를 극복하지 못하고 이른바 정상 가족의 틀이 굳건히 유지되고 있다.

결혼이 운명이 아닌 기획이 된 세상에서는 혼인 건수가 감소한다. 비혼 출산이 굉장한 사회적 낙인인 한국 사회에서 혼인 건수 감소는 자연스럽게 출산율 저하로 이어진다. 물론 최근 사회조사 결과를 보면 비혼 출산에 개방적 인식을 보이는 사람 수가 증가하고 있지만 조사 문항에는 개방적으로 답을 하는 사람들도 비혼 출산을 행동으로 옮길 생각을 하기엔 어렵다. 인식의 변화가 행동으로 이어지기까지, 한국 사회에는 조금 더 오랜 시간이 필요할 것이다.

○ 정답 정해주는 사회

연애를 하다 보면 함께하고 싶은 시간이 많아진다. 밤늦게까지 있다가 헤어지기도 싫다. 매일 택시비 쓰느니 아예 함께 살고 싶은 순간도 온다. 통계에서 모두 포착하기는 어렵겠지만 동거 자체는 실제로 많이 늘어나고 있다고 추정할 수 있다. 이미 2011년 "'방'과 '몸' 바꾸는 대학생 급증"이라는 선정적 제목으로 대학가 근처에서 방값을 아끼려는 실용적 이유가 합쳐져서 동거가 증가한다는 보도도 있었다. 실제 어느 정도 동거가 늘어나고 있는지 과거와 현재를 비교할 수는 없지만 최근 동거를 자연스러운 현상으로 받아들이는 인식 변화 관련 사회조사 결과는 자주 볼 수 있다.

그러나 앞서 말했듯 인식의 변화와 행동이 언제나 일치하는 것은 아니다. 사회는 여전히 동거를 부적절하게 본다. 결혼을 전제로 한 동거는 받아들여지지만 단순한 연애의 과정으로서 동거는 다른 차원의 문제다. 설문조사에서는 젊은이의 동거가 상관없다고 대답하는 사람도 막상 자기 자녀가 동거하는 것을 받아들이기는 어려울 것이다. 그런 분위기 때문에 동거 사실을 자연스럽게 노출하지 않는 경우도 많다. 부모에게 숨기는 것은 물론이다. 함께 살아봐야 결혼을 할 수 있는 상대인지 알 수 있다는 다른 나라 청년들의 연애 방식이 우리 사회에서는 통하지 않는다.

더군다나 함께 살면서 아이를 낳는 것은 상상하기도 어렵다. 자주 만나다 좋으면 함께 살기도 하고 함께 살다 보면 아이를 낳는 것이 어찌 보면 자연스러운 과정이지만 한국 사회에서는 자연스럽지 않다. 부도덕할 뿐이다. '결혼식-혼인신고-출산' 순서라는 정답이 있기 때문이다. 이미 서유럽 사회에서는 수십 년 전부터 보편화된 '연애-동거-출산-결혼'으로 이어지는 과정이 한국 사회에서는 아직 쉬쉬해야 하는 창피함이다. '두 사람'과 '혼인신고'라는 두 가지 조건을 모두 충족해야만 '아이 낳음'이 축복의 대상이 된다. 정답에서 벗어나 내 방식대로 인생을 설계하고 살아가면서 아이도 낳고 가족을 이루고 싶지만 그런 일은 가끔가다 연예면 기사로 소비될 뿐이다.

정상 가정을 규정하는 사회에서는 동거, 생활공동체, 비혼 출산을 허용하지 않는다. 이혼, 사별, 별거를 하면 혼인

관계가 해체될 뿐이다. 엄마와 아빠가 헤어져도 엄마와 자녀, 아빠와 자녀는 그대로 가족이다. 그러나 사람들은 혼인관계 해체를 가족해체라고 부른다. 혼인신고를 기반으로 한 가족을 기준으로 다른 형태의 가족은 '해체된 생활 단위'로 보는 편견의 반영이다. 현재 우리 사회에서 정상 가족은 부계혈통주의, 혼인관계가 해체되지 않은 가족이다. 엄마의 성을 물려준 가족, 한부모가족, 동거가족, 비혼 출산 가족, 이혼한 가족, 생활공동체 가족은 여전히 오답이다.

역사적으로 보더라도 가족의 형태는 절대적이지 않았다. 자연재해를 예방하기 어렵고 전쟁이 잦았던 옛날에 얼마나 많은 가족이 부모-자녀로 구성된 정상 가족이었을까? 우리가 영화나 드라마에서 보는 것처럼 거창하게 혼례식을 하고 부부가 된 사람들이 얼마나 많았을까? 1980년대까지 둘째 부인을 둔 남자들의 존재가 한국 사회에서는 부끄러움이 아니었다. 축첩을 하는 고위공무원을 징계하였다는 기록이 있었다는 사실은, 한국 사회에서 정상 가족으로 자리 잡은 부부-자녀 핵가족도 최근의 변화임을 알 수 있다.

사랑이 움직이듯 가족의 형태도 시대 상황에 따라 움직

여(변해)왔다.[14] 지금도 청년세대를 중심으로 가족 형태의 다양성을 받아들이는 인식 변화가 일어나고 있다. 그러나 가족 지원의 출발은 여전히 혼인신고를 한 부부에 있다. 부부-자녀를 정답으로 보는 정상 가족의 틀도 굳건하다. 그리고 이 가족의 토대는 부계혈통주의이다. 아빠 집안에서 낳은 아이가 정상적으로 출생한 아이다. 부부 사이가 아니고, 혼인신고를 하지 않았고, 한국 사람이 낳지 않았으면 정상적으로 출생한 아이가 아니다. 이러한 사회적 분위기와 제도가 존재하는 한 한국 사회에서 저출산·저출생 현상의 반등을 기대하기는 어려울 것이다.

1990년까지 우리나라 국적법은 혼인신고한 한국 남성과 외국 여성이 낳은 아이는 한국 사람으로 받아들였다. 그러나 한국 여성이 외국인과 결혼하여 낳은 아이는 한국 사람이 될 수 없었다. 국적법의 이러한 부계혈통주의적 가치와 규범이 아직도 많은 한국인에게 당연하고 자연스럽다.

양성평등에 관심을 갖고 있는 여성들도 주민센터에 가서 주거 신고를 할 때 아무런 고민 없이 남자의 이름을 세대주로 적는다. 내 배 아파가며 낳은 아이지만 내 성(姓)을 줄 수 없는 상황에 별 문제를 제기하지 않는다. 2005년 호주제 폐지 이후 엄마 성을 줄 수도 있게 됐지만 이렇게 하려면 출생신고가 아니라 혼인신고를 할 때 미리 엄마 성을 주겠다고 적어 내야 한다. 아빠 성을 받을 것이라고 기입하면 그대로 혼인신고가 된다. 그러나 엄마 성을 주겠다고 하면 부부의 합의서를 제출해야 한다. 민법 제781조에 나와 있는 사실이다. 아이가 엄마의 배 속에서 태어나더라도 궁극적으로는 아빠 집안의 아이로 보는 것이다.

부계혈통주의는 여성들이 성장 과정에서 자연스럽게 내재화하여 특별히 의식하지 못할 수 있다. 그러나 부계혈통주의에서 나오는 성별 역할 분리 규범의 한계를 여성들은 몸으로 느끼고 있다. 돌봄 주체로서 돌봄을 조직화하고 책임지면서 취업 활동까지 하다 보면 이미 아이를 낳은 여성이 더 아이를 낳을 생각을 하기 어렵다. 만일 여성의 상황이 여의치 않으면 또 다른 여성이 돌봄 책임을 공유한다. 여성이 손을 내미는 곳은 대부분 시부모가 아닌 친정 부모이기 때문이다. 할아버지가 거들기는 하지만 할머니가 돌봄의 주연이다.

흔히 남성들의 주도권이 여성들에게 넘어갔다는 의미에서 신모계제를 언급한다. 그러나 신모계사회는 독박 육아를 해결하기 위해 여성이 선택하는 현실적 대안일 뿐 부계혈통주의의 변화가 아니다. 여전히 한국 사회에서 부계혈통주의는 공고하다. 내가 낳은 자식에게 내 성을 주지 못하는 이 생활을 지금까지 한 번도 의심하지 않고 살아온 것, 그만큼 가부장적 사회, 남자 중심 사회, 부계혈통주의가 우리 의식 속에 그대로 있으면서 여성의 독박 육아와 경력 단절로 이어지고 있다.

저출산의 주요인을 부계혈통주의와 정답처럼 정해진 정상 가족의 틀로 보는 이들이 많을 것이다. 그런 사람들 가운데에는 비혼 출산에 관심을 갖는 이들도 있다. 상대적으로 출산율이 높은 국가들을 보면 비혼 출산 비중이 높은 편이기 때문이다. 우리가 출산율의 모범 국가라고 하는 프랑스의 비혼 출산율은 60퍼센트가 넘는다. 아이 10명 중 6명은 혼인신고를 하지 않은 상태에서 태어났다는 뜻이다. 연애를 하면 일단 같이 살아본다. 살아보고 아닌 것 같으면 헤어지고 괜찮은 것 같으면 함께 살다가 아이도 낳게 된다. 그러다가 이 사람이 내 평생의 사람이구나 싶으면 혼인신고를 한다. 프랑스에서는 5~6살, 7~8살 된 아이들을 내세우고 결혼식장에 입장하는 장면이 드물지 않다.

비혼 출산이 증가하면 출산율도 증가할까? 비혼 출산과 합계출산율이 유의미한 관계를 갖는다는 결론은 아직 속단이다. OECD 회원국 출산율이 우리나라보다 높은 편이고 비혼 출산율도 우리와 비교할 때 매우 높은 편이긴 하다. 회원국 평균 출생아 10명 중 4명 정도가 비혼 출산이다. 우리는 100명 중 2~3명 정도다. OECD 주요 회원국에서는 비혼 출산율과 합계출산율이 상관관계를 가지면서 증가한다는 주장까지도 나온다. 비혼 출산 지원을 저출산 대응의 하나로 보자는 것이다.[15]

그러나 주요 회원국이 어느 국가인지 잘 알 수도 없을 뿐더러 개별 회원국 상황을 살펴보면 딱히 그렇지도 않다. 비혼 출산율과 합계출산율만 놓고 보면 오히려 다음과 같은 양상이 나타난다. 1998년부터 2020년까지의 변화를 기준으로 독일에서는 비혼 출산율이 증가하면서 출산율도 증가했다. 프랑스에서는 비혼 출산율은 지속적으로 증가하고 있지만 출산율은 증가하다가 오히려 감소하였다. 스웨덴에서는 2000년대 초반까지 비혼 출산율과 합계출산율이 동반 상승하였지만, 이후에는 비혼 출산율이 하락하고 합계출산율은 올라가다가 최근에는 비혼 출산율은 올라가고 합계출산율은 감소하기도 하였다.

한마디로 말하자면 비혼 출산 증가가 출산율 증가로 이어진다고 보기는 어렵다. OECD 주요 회원국은 이미 법률혼과 동거의 구분이 의미가 없다고 할 정도로 두 사람이 좋으면 어떤 형태로든 함께 사는 게 우선인 사회다. 동거하다 출산 후 결혼하는 경우도 다반사다. 꼭 비혼과 기혼을 구분하지 않더라도 두 사람이 만나 아이를 낳는 총량에서 의미를 찾을 수 있다. 출산 총량의 법칙이다.

함께 살려면 결혼이라는 정답을 거쳐야 하는 한국 사회에서는 오답으로서 동거와 비혼 출산의 의미가 상당히 크다. 결혼한 사람이 낳은 아이와 결혼하지 않은 사람이 낳은 아이를 상당히 다르게 본다. 그래서 결혼에서 탄생하는 아이와 동거에서 탄생하는 아이 수가 각각 다르게 변할 것이라고 전제하게 된다. 그러나 동거, 생활공동체, 결혼 등 여러 개의 답 중에서 하나를 고를 수 있는 사회에서는 비혼 출산에 사람들이 특별한 의미를 부여하지 않게 된다. 비혼 출산율과 합계출산율 간 관계를 따지는 작업이 무의미해진다.

서유럽 복지국가 경험의 중요한 시사점은 혼인 중심 가족이 아니라 아이 중심 가족 지원이다. 비혼 출산 지원이 아니라 정상 가족으로서 정답 가족에서 태어나든 오답 가정에서 태어나든 아이 중심 지원을 해야 한다. 혼인신고서나 청첩장을 냈다고 아파트 분양권, 대출 우대권을 주는 것이 아니라 아이가 있는 집, 아니면 몇 개월 뒤에 아이가 태어나는 집을 지원해주는 것이 적절하다. 결혼을 할 수도, 하지 않을 수도 있는 개인의 선택을 존중하면서 아이 중심 지원을 확대해나가면 언젠가 아이 울음소리를 여기저기에서 들을 수 있을 것이다.

○ 감당하기 어려운 돌봄·교육 비용

부모로서 가장 힘든 역할 중 하나가 아이를 돌보고 가르치기 위한 비용 조달이다. 학원을 보내지 않거나 값비싼 사교육을 시키지 않으면 될 것 아니냐고 반문할 수 있다. 비싼 유아차를 왜 사나? 어차피 몇 년 사용하면 그만인데 싼 것을 사거나 중고를 사면 되지 않냐고 할 수 있다. 비용 부담 원인을 개인적 차원에서만 찾는다면 가능한 이야기일 수 있다. 그러나 양육 비용에는 개인 탓만 하기 어려운 구조적 문제가 있다.

초등학생을 예로 들어보자. 초등학교에 들어간 아이가 학교에서 점심을 먹은 뒤 갈 곳이 없다. 초등돌봄교실 자리 배정은 추첨에서 떨어졌고 방과후학교도 3시 전후면 끝나는 경우가 많다. 일하러 나간 부모가 아이를 데리러 갈 수 없는 시간이다.

상황이 이렇다 보니 태권도 학원이 초등돌봄교실의 역할을 대신하여 엄마들의 구세주가 되었다는 이야기도 나왔다. 하교를 도와주는 태권도장도 늘었고, 더불어 영어 수학

등 기타 학원을 추가하면 사교육비만 월 100만 원이 넘어가게 된다. 꼭 내 아이를 이른바 SKY 대학교에 보내기 위해서 학원을 보내는 게 아니다. 초등학교에 들어가는 순간 '초등 돌봄 절벽' 앞에 선 부모들에게 다른 선택지가 없기 때문이다.

물론 부모의 욕망도 무시할 수는 없다. 오후 5시, 급하면 저녁 7~8시까지 아이가 머물 수 있는 유치원과 어린이집이 있지만 아이를 영어유치원이라고 부르는 영어학원에 보낸다. 경제적으로 상당히 무리가 되지만 남들 보란 듯 혹은 기죽기 싫어서 몇백만 원짜리 유아차를 사는 부모도 있다. 그런데 부모 욕심만 탓할 수 있나? 경쟁사회라는 말도 모자라서 '초'경쟁사회라는 말도 등장하였다. 아장아장 걷기 시작할 때부터 영어를 비롯해 무언가를 끊임없이 배워야 한다는 강박을 사회가 부모에게 주고 있다. 아동 우울증이 몇 배씩 증가하고 어릴 때 그렇게 주입하는 영어가 오히려 아이 뇌 발달에 좋지 않다는 전문가 의견도 소용없다.

한국 경제는 경쟁이라는 가치 덕에 성장할 수 있었다. 한국 사회 구조상 경쟁으로 얻는 이익이 많았다. 아직도 많은 부모가 경쟁과 초경쟁이 이익을 생산해내는 사회구조에 주목하기 때문에 영어유치원으로 포장된 영어학원에 한국말도 제대로 하지 못하는 아이를 보낸다. 막상 그 제품을 만든 나라의 중산층 부모는 엄두도 내지 않는 영유아용품이 한국 시장에서는 날개 돋친 듯 팔린다. 하지만 이제는 구조적 경쟁으로 인해 사회적 비용이 더 많아지고 있다. 그 대표적 사례가 초저출산·초저출생인 셈이다. 이런 사회구조에서 부모의 책임을 제대로 이행하지 못할 바에 차라리 아이를 낳지 않거나 아이를 낳아도 1명에 그치는 흐름이 확산되고 있기 때문이다.

사실 비용 문제에는 정책적으로 마땅한 답이 없다. 국가가 얼마나 많은 현금을 풀어야 경쟁사회가 부모에게 강요하는 비용 부담이 해소될까? 임신·출산 비용 지원이 확대되었고 예전 부모들은 상상도 못 했던 돌봄·교육 비용 지원이 시행되고 있다.

2001년 육아휴직, 2004년 저소득층부터 시작해 2013년 모든 부모 대상으로 확대한 (무상)보육, 2008년 배우자 출산휴가, 2008년 고운맘카드에서 2013년 이후 국민행복카드에 충전해주기 시작한 임산부 의료 비용 지원, 2018년부터 시작한 아동수당, 2004년 중학교 무상교육에서 시작하여 2021년 완성한 고등학교 무상교육도 있다. 자율형사립고 등 일부 유형의 고등학교를 제외하면 초중고등학교에 해당하는 중등교육 과정에서 학교 등록금이 사라졌다. 2022년에는 출생 직후 비용 지원으로서 200만 원 상당의 서비스 비용이 들어간 첫 만남 이용권까지 나왔다. 2023년부터는 0~1세까지 출생 후 2년간 월 100만 원을 지원하는 부모급여도 시작되었다.

그러나 부모들은 여전히 아이 키우기 힘들다는 말을 반복한다. 비용 지원이 대폭 확대되었는데도 왜 힘들다는 말인가? 영유아기의 사교육비 관련 통계는 국가 통계로 조사하지 않기 때문에 공식적으로 찾아보기는 어렵다. 설문조사나 패널조사에 의존한 연구 결과들이 있을 뿐이다. 육아정책연구소 최효미 박사가 2017년 발표한 영유아 부모의 비용 부담 실태를 보면, 출생 직후 교육·보육 비용은 영유아 1인당 4만 1천 원이지만, 5세가 되면 40만 3천 원으로 급증한다. 중요한 이유가 사교육 비용 증가다. 총 양육 비용 대비 사교육비 비용이 5세가 되면 56.2퍼센트에 육박한다. 아이에게 들어가는 돈 중 절반 이상이 사교육비라는 의미다. 이를 방증하듯 영유아 대상 연간 국내 사교육 시장 규모는 약 4조 원 정도로 추정된다. 그렇다면 아이가 학교에 다니게 되면서부터는 얼마나 더 필요하게 되나?

2022년 기준 초등학교 입학 후 사교육비는 월평균 37만 2천 원이 든다. 일반 인문계 고등학교에 다니면 부모는 월평균 52만 5천 원을 지불한다.[16] 2022년 현재 중위소득이 3인 가구는 약 4백만 원, 4인 가구는 약 5백만 원이다. 자녀가 두 명이 되면 소득 대비 부모의 사교육비 부담은 더 늘어난다. 그러나 국가 통계는 많은 경우의 수를 제외한 것이다. 예컨대 사교육 시장 수요가 몰리는 겨울 방학은 조사 기간에서 제외된다. 실제 사교육비 규모가 조사 결과에 반영되지 않게 되는 것이다.

더 큰 문제는 사교육비 조사 통계에는 사교육을 전혀 시키지 않는 사례도 포함된다는 점이다. 따라서 사교육비 지출 평균값이 실제 사교육비 부담보다 훨씬 낮게 나오게 된다. 만약 사교육을 시키는 사례만으로 평균을 낸다면 이보다 더 많은 사교육 비용이 산출될 것이다. 부모가 본인의 노후를 걱정해야 한다는 이야기가 과장이 아님을 알 수 있다. 그러면, 사교육 시키지 않으면 될 것 아니냐는 질문이 반복해서 나올 수 있다. 그게 쉬울까?

독일에서 공부할 당시 주변에서 한 이야기를 들은 적이 있다. 쉰이 넘은 교수 아들이 자동차를 사려고 하자 여든이 넘은 노모가 꼬깃꼬깃 모아둔 돈을 옷장 속에서 꺼내주었다는 이야기이다. 고소득 교수 아들에게 필요하지 않을 수 있지만 언제든지 자식을 돕고 책임지려는 마음은 국가를 불문하고 모든 부모에게서 보인다는 의미일 것이다. 한국의 부모들은 특히 자녀에 대한 책임 의식이 유난히 강하다. 고등학교만 졸업하면 부모와 살던 집을 떠나 자립하는 경향이 강한 서구 사회와 다르다. 한국보건사회연구원(박종서 박사) 조사에 따르면, 부모 대다수는 대학 졸업 때까지 자녀 부양에 관한 책임 의식을 갖고 있다. 취업 때까지 자녀를 책임져야 한다는 인식까지 합치면, 한국의 부모는 자녀가 20대 후반이나 30대 초반이 될 때까지도 부양을 해야 한다고 생각한다.

대학교를 마칠 때까지 부모가 자녀에게 투자해야 하는 돈의 규모는 어느 정도일까? 이를 계산할 수 있는 양육비 계산 사이트가 따로 있을 정도다. 동아일보가 2019년 10월 10일 임산부의 날을 맞아 구축한 양육비 계산 사이트[17]에 따르면 월 소득 299만 원 이하, 월 소득 300~399만 원, 월 소득 400~499만 원, 월 소득 500~599만 원, 월 소득 600만 원 이상 모든 소득 구간의 평균에 해당하는 한 가구가 아이 1명을 낳아 대학을 졸업시킬 때까지 필요한 돈은 약 3억 8,198만 원으로 집계됐다. 미취학 양육비 6,860만 원, 사교육 등을 포함한 교육비로 초등학교 9,250만 원, 중학교 5,401만 원, 대학교 8,640만 원 등이다. 계산대로만 살 수는 없지만, '아이를 낳지 않으면 3~4억 원은 따로 모을 수 있다. 인생을 즐기면서 살 수 있다'는 생각을 하는 사람도 있을 수 있다. 과도하게 부담할 수 있는 사교육비 지출까지 생각하면 결혼과 출산을 더 망설이게 된다. "대학 졸업 때까지, 취업 때까지 자녀를 지원해야 하는 경우 부모 세대는 자녀 양육비에 대한 부담을 크게 인식할 수 있으며 이에 따라 소자녀 출산을 선택할 가능성이 있다."[18] 초등학교 때부터 사교육비 부담이 본격적으로 늘어나면서 대학교 등록금 부담까지 상승선으로 이어지는, 고비용 양육 문화가 우리 사회에 규범화되어가고 있다.

○ 너무 긴 노동시간

'빨리빨리'가 한국인의 삶을 표현하는 대표적 언어인 것은 우리 삶이 매우 바쁘게 움직이고 있음을 짐작하게 한다. 우리는 늘 시간에 쫓겨 산다. 시간에 쫓겨 다니는 삶, 시간이 없는 삶을 표현하는 개념으로 '시간 빈곤'이 있다. 시간을 빈곤 개념과 연결시키는 시도는 다음을 전제로 한다. 첫째, 필요로 하는 시간을 충분히 갖지 못함으로써 문제가 발생할 수 있다. 일하는 시간이 지나치게 길어지면 몸과 마음을 재충전할 수 있는 여가 시간이 줄어들거나 결핍이 생긴다. 그 결과 노동생산성이 저하되고 육체적, 심리적, 정신적 문제가 생길 수 있다. 둘째, 시간을 갖고 활용하는 주체 간, 즉 사람 간 불평등이 발생한다. 취업 활동에만 전념할 수 있는 사람과 취업 노동과 가사·돌봄 노동을 동시에 해야 하는 사람 사이에는 원하는 시간 활용에 있어서 격차가 생기고 노동생산성 격차는 곧 소득과 지위 격차로 이어질 수 있다.

시간 빈곤은 노동시간과 노동 외 시간을 비교하면서 나오는 개념이다. 노동시간이 지나치게 길면 시간 빈곤 수준이 높아진다. 현대인의 하루 시간은 노동(학습), 가사·돌봄, 자유(여가, 놀이) 시간으로 나눌 수 있다. 하루 24시간에서 세 가지 시간 중 어느 하나만 늘어나도 다른 두 가지의 시간이 영향을 받는다. 세 가지 시간 사이 제로섬 게임이 시작되는 것이다. 노동시간이 길어지면 연애할 시간, 아이와 함께할 시간, 취미를 즐길 시간이 줄어든다. 아이를 낳아도 노동시간이 지나치게 길거나 육아휴직, 육아기 근로시간 단축 제도를 제대로 활용할 수 없으면 돌봄에 할애할 시간이 부족하다. 장시간 노동으로 인한 돌봄 시간 빈곤이다.

한국은 OECD 회원국 중 손에 꼽을 만큼 길게 노동하는 나라이다. 최근 몇 년 한국인의 1인당 연간 평균 노동시간은 약 1,910시간에 달한다. OECD 회원국 평균 노동시간은 1,716시간이다. 노동시간에는 전일제, 시간제, 계절제, 유급과 무급, 초과근무, 부업 등 모든 노동시간이 포함된다. 공휴일, 휴가, 휴직, 직업훈련, 파업 등 시간은 제외된다.

　다른 많은 지표에서는 한국이 OECD 하위권으로 나오는 경우가 많은데, 노동시간만큼은 선두권이다. 유럽연합(EU) 회원국 노동자 1인당 연간 평균 노동시간은 약 1,565시간이다. 영국, 벨기에, 스웨덴 노동자는 연간 1,500시간 이상 일하지 않는다. 독일 노동자 1인당 노동시간은 1,400시간도 채 안 된다. 한국에서보다 더 많이 일하는 노동자는 멕시코, 칠레 정도에서 만나볼 수 있다.

　다른 어느 국가보다 더 긴 노동시간이 의미하는 바는 무엇일까? 누군가를 만나고 삶을 계획할 여유가 그만큼 줄어든다는 뜻이다. 아이를 낳아 가족을 이루는 삶을 생각할 수 있는 환경이 상대적으로 열악할 수 있다는 의미다. 시간 빈곤이 돌봄 시간 빈곤으로 이어지기 때문이다. 여기에 출산휴가, 육아휴직, 육아기 근로시간 단축 등의 제도를 활용할 수 있는 노동환경이 조성되지 않으면 시간 빈곤 해소는 더욱 어려워진다. OECD 회원국 최장 수준의 노동시간이 OECD 회원국 최저 수준의 출산율·출생률로 이어지고 있다.

○ 아빠가 함께 못 하는 시간들

아이와 함께 시간을 보내려면 노동시간 단축도 중요하지만 돌봄을 위한 휴가, 휴직, 단축(시간제)근무 등의 시간 확보도 중요하다. 육아휴직자 수는 매년 늘어난다. 2022년 육아휴직을 한 부모들이 13만 명대 수준이다. 그중 아빠들이 3만 8천 명 가까이 육아휴직을 했다. 육아휴직자 중 아빠 비율이 28.9퍼센트, 육아휴직자 10명 중 3명이 아빠라는 이야기다. 공무원과 교사를 포함하면 육아휴직자 수는 2022년 기준 19만 9천여 명이며 아빠의 비율은 27.1퍼센트이다(약 5만 4천여 명).[19] 육아휴직제도가 확대되고 아빠의 자녀 돌봄 역할에 대한 인식이 변화하면서 아빠 육아휴직자 수는 앞으로도 증가할 것이다. 그러나 엄마와 아빠 간 평등한 돌봄, 아빠의 돌봄 참여가 보편화되었다고 말할 수 있을까? 또한 육아휴직이 우리 사회에 보편화되었다고 할 만큼 육아휴직자 수가 증가했다고 볼 수 있을까?

1988년 무급으로 출발한 육아휴직제도가 2001년 유급으로 전환된 이후 육아휴직 사용자 수는 꾸준히 증가했지만 이 통계는 실제 육아휴직 권리를 갖는 전체 부모 중 육아휴직자 수가 얼마나 되는지 보여주지 않는다. 육아휴직자 수만 보여주는 통계로는 영유아기부터 초등학교에 이르는 어린 자녀 양육 부모 수백만 명 중 몇 명이 육아휴직을 하는지를 알 수 없다. 수백만 부모 중 단 13만 명 정도가 육아휴직을 한다는 현실만 보여줄 뿐이다.

아이가 태어난 첫 해는 부모가 가장 분주한 시기이다. 이 시기에 육아휴직을 사용하는 부모를 보여주는 통계가 '출생아 부모 중 당해 연도 육아휴직 사용률'이다. 이 통계에 의하면 아이가 태어난 해에 엄마 100명 중 70명은 출산휴가에 이어 육아휴직을 사용한다. 2015년 100명 중 58명에서 지속적으로 증가하고 있다. 반면 아빠는 2010년 100명 중 0.2명, 즉 1명도 안 되었는데 2022년에는 6.8명, 100명 중 7명 정도도 증가하였다. 12년 사이 무려 30배가 증가했다고 볼 수도 있지만, 공무원과 교사를 포함해도 아이가 태어난 해에 육아휴직을 사용하는 엄마는 70명인데, 아빠는 7명이라는 이야기가 된다.

육아휴직자 수만 제시하는 통계에서는 육아휴직자 10명

중 3명이 아빠라는 착시현상이 있지만, 출생아 부모의 육아휴직 사용률 통계는 아이와 함께 시간을 보낼 수 없는 아빠들의 현실을 그대로 보여주고 있다. 게다가 출산 후 몸과 마음을 회복해야 하는 엄마들 중 여전히 30명 이상이나 육아휴직을 하지 못하는 상황에도 주목할 필요가 있다.

최근에는 눈여겨볼 만한 변화가 있었다. '3+3 부모육아휴직제' 도입과 육아휴직급여 소득대체율 인상 이후 남성 육아휴직자 수 증가세가 두드러진다는 점이다. 2023년 1월 25일 고용노동부가 발표한 보도자료에 따르면 3+3 부모육아휴직제는 부모가 동시에 또는 순차적으로 자녀 생후 12개월 내 육아휴직을 사용한 경우, 첫 3개월에 대한 부모 각각의 육아휴직급여를 통상임금의 100퍼센트로 상향하여 지원하는 제도로 첫 번째 달 200만 원, 두 번째 달 250만 원, 세 번째 달 300만 원까지 지원된다. 육아휴직급여 소득대체율도 4~12개월의 육아휴직급여를 통상임금의 50퍼센트(120만 원 상한)에서 80퍼센트(150만 원 상한)으로 인상되었다.

그러나 육아휴직은 여전히 쓰기 힘들다. 육아휴직의 현실을 나타내는 또 다른 통계로 '출생아 100명당 출생아 부모 중 육아휴직자 수'가 있는데, 이 통계에 의하면 2010년 출생아 100명당 육아휴직 엄마 수가 9.5명이었다. 10명 중 1명이었다는 의미다. 2022년 최근에는 이 비율이 30명까지 올라왔다. 같은 기간 아빠 비율은 0.1명에서 5명으로 증가하였다. 2022년 아기 100명이 태어날 때 육아휴직 아빠 수가 5명이었던 셈이다.

아기가 태어난 해뿐 아니라 그 후에도 육아휴직을 할 수 있는 시간이 있다. 육아휴직을 사용할 수 있는 기간은 8년이다. 남녀고용평등 및 일·가정 양립지원에 관한 법률에서 자녀 연령 8세 혹은 초등학교 2학년 이하로 육아휴직 기간을 정하고 있기 때문이다. 이 8년 사이에 얼마나 많은 부모가 육아휴직을 제대로 사용했는지 보여주는 통계는 '출생아 100명당 전 기간(0~8세) 육아휴직자 수'이다. 이 통계에 의하면 2010년에 아이를 낳은 후 2019년까지 육아휴직 부모 수를 보면 출생아 100명당 19.6명이다. 출생아 100명당 부모 20명이 육아휴직을 한 셈이다. 그중 엄마가 17.8명이고 아빠는 1.8명이다.

물론 현재에는 좀 더 많은 엄마와 아빠들이 육아휴직을

사용할 것이다. 2011년, 2012년생 아이 아빠는 더 많이 육아휴직을 했을 것이다. 하지만 아빠 육아휴직 실적이 너무 초라하다고 판단해서일까, 2020년 통계부터는 자녀가 8세가 될 때까지 육아휴직을 하는 아빠와 엄마가 얼마나 많은지를 보여주지 않는다. '전 기간 육아휴직 행태' 통계가 있을 뿐이다. 예를 들면 2011년 출생아의 부모가 2020년까지 자녀가 몇 살이었을 때 육아휴직을 했는지를 보여주는 통계는 있다. 이 기준으로 보면 육아휴직 아빠 중 15.1퍼센트가 아이가 태어난 직후, 즉 0세일 때 육아휴직을 했다. 계속해서 아이가 1세일 때 육아휴직 아빠 중 10.6퍼센트가 육아휴직을 했다는 식이다.

이런 식의 통계로는 육아휴직 권리를 가진 아빠 중 얼마나 많은 수가 육아휴직을 하고 있는지를 알기 어렵다. 결국 2010년생 아이 100명 중 몇 명의 엄마, 아빠가 육아휴직을 했는지는 알 수 있지만, 이후에 출생한 아이 부모 중 육아휴직을 한 비율을 현재 공개되는 통계청 자료로는 알기가 어려운 상황이다. 2019년 자료에서는 전체 부모 중 얼마나 많은 부모가 실제로 육아휴직을 할 수 있었는지를 보여주었는데, 2020년 이후 통계청에서 무슨 일이 있었는지 궁금할 뿐이다.

지금까지 육아휴직 이야기를 했지만, 사실 육아휴직이 길어지면 경력 단절 가능성도 높아진다. 급변하는 노동시장 환경, 직장을 오랜 시간 떠나 있으면 복귀 자체도 어렵고 복귀를 해도 직장 생활 적응이 순탄치 않을 수 있다. '아빠, 육아휴직, OECD'와 같은 키워드로 찾아보면 한국 아빠들의 육아휴직 기간은 OECD 국가 중 가장 길다는 소식이 뜬다. 육아휴직을 근로자 개인에게 부여하기 때문이다.

반면 서유럽 복지국가에서는 육아휴직을 부모 단위로 제공한다. 예를 들어 독일에서는 부모가 14개월의 육아휴직(Elternzeit, 부모 시간)을 사용하도록 하는데 한 부모가 최장 사용할 수 있는 육아휴직 기간은 12개월이다. 나머지 2개월은 두 번째 육아휴직 부모, 대부분 아빠가 사용할 수 있는 육아휴직 기간이다. 아빠만 사용할 수 있는 육아휴직 기간이 1년인 우리나라가 OECD 회원국 중 가장 길다.

서유럽 복지국가의 육아휴직 흐름은 '육아휴직은 가능하면 짧게, 육아기 유연 탄력 근무 기간은 가능하면 길게'이다. 아이 출생 직후 부모와 집중적 교감이 필요한 시기에는 가능하면 부모가 함께 육아휴직을 한다. 아이가 1살이 넘어가면 킨더가르텐Kindergarten 등 영유아 사회적 돌봄체계에 아이를 맡기면서 부모는 유연 탄력 근무를 통해 아이와 가능한 한 많은 시간을 보내면서도 취업 노동자로서 자신의 인적자본을 유지 향상할 수 있다. 2008년 우리나라에서 도입한 육아기 근로시간 단축 제도를 지속적으로 확대하는 이유도 장기간 휴직은 부모의 인적자본을 저해한다고 보기 때문이다.

육아기 근로시간 단축은 초기에는 육아휴직 1년과 겹치는 형태였다. 육아휴직을 1년 하면 육아기 근로시간 단축을 할 수 없었다. 이후 육아휴직과 육아기 근로시간 단축을 각각 1년으로 분리시켰다. 처음에는 육아휴직이냐 육아기 근로시간 단축이냐는 이분법적 접근 때문에 육아휴직과 육아기 근로시간 단축 중 하나만을 선택해야 했다면, 둘 다 각각 1년씩 모두 합쳐 2년의 육아휴직과 육아기 근로시간 단축을 할 수 있게 된 것이다. 최근에는 육아기 근로시간 단축을 3년으로 늘린다는 정부 발표도 있었다.

그러나 육아기 근로시간 단축 정책의 성과는 아직도 먼 곳에 있다. 전체 부모 노동자 중 불과 2만 명도 안 되는 사람들이 육아기 근로시간 단축 근무를 하고 있을 뿐이다. 게다가 아빠들 10명 중 1명 정도가 참여하는 수준이다.[20] 자녀 돌봄을 위해 시간을 내는 주체는 여전히 엄마이다. 남성의 근로시간 단축 참여 비율은 코로나 시기에 급격하게 떨어지는 양상을 보이기도 했다. 팬데믹 기간 아이들이 집에 머물게 되자 엄마들의 육아기 근로시간 단축 제도 사용이 급증했기 때문이다. 반면 여성의 돌봄 시간이 급증하면서 남편의 돌봄 시간은 내려가는 양상을 보였다. 여전히 급할 때 아이를 돌보는 사람, 돌봄 주체로서 여성의 임무가 막중하게 받아들여지고 있다.

엄마만의 독박 육아와 경력 단절

○ 맡길 곳을 찾지 못하는 부모들, 갈 곳이 없는 아이들

부부의 맞벌이가 보편화된 세상이다. 부모가 둘 다 일하러 나가야 하니 그 사이 아이를 맡길 곳이 필요하다. 사실 아이를 그저 맡기기보다는 부모의 취업 활동 시간 동안 아이가 행복하고 즐겁게, 그리고 미래 우리 사회를 책임지고 나아갈 좋은 인적 사회적 자본으로서 양질의 교육·돌봄 기회를 누릴 시간과 공간이 필요하다. 부모가 일·가정 양립이 가능하고 아이가 행복하게 성장할 수 있는 사회구조는 사

회적 돌봄 체계를 구축하고 가족친화경영이 확산될 때 만들어진다. 한국은 사회적 돌봄체계가 제대로 자리잡지 못해 부모들이 일·가정 양립에 어려움을 겪는다. 그 결과가 엄마의 독박 육아와 경력 단절이다.

사회적 돌봄체계는 본래 부모와 가족 이외에도 아동, 장애인, 노인 등을 포괄적으로 돌보는 사회적 체계를 의미한다. 사회적 돌봄체계를 성장기 아동에 국한하여 바라보면 출생 직후 영아기에서 유아기를 거쳐 초등학교까지 부모와 가족을 대신하여 아동을 보살펴주는 체계라고 볼 수 있다. 우리나라의 경우 출생 직후 2세까지 영아 5명에서 20명까지를 돌볼 수 있는 가정 어린이집과 3~5세 유아 교육·돌봄 누리과정을 제공하는 어린이집과 유치원, 6세에 입학하는 초등학교가 있다.

유치원과 초등학교는 돌봄보다는 교육체계에 가깝지만 초등학교 저학년까지는 돌봄과 교육을 분리할 수 없다. 최근에는 유보통합과 늘봄학교 도입으로 인해 교육·돌봄 혹은 돌봄·교육의 융합 체계 이야기가 나오고 있는데 이는 뒷장에서 설명하겠다. 연령대별 가정 어린이집, 어린이집과 유치원, 초등학교로 나누어진 사회적 돌봄체계는 아이 돌봄 서비스를 포함하는데, 여성가족부 산하 각 지역 가족 센터에 문의하면 아이돌보미를 파견해주며 생후 3개월부터 12세까지 부모의 상황에 따라 시간 단위로 돌봄 서비스를 제공한다.

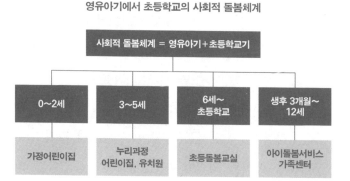

영유아기에서 초등학교의 사회적 돌봄체계

2006년 저출산·고령사회 기본계획을 처음 시작할 때 저출산 현상의 가장 중요한 요인을 부모, 특히 엄마가 일하러 나가는 사이 아이가 갈 곳 없는 데에서 찾았다. 일하는 엄마들의 고충과 유치원 방과 후 학원으로 뺑뺑이를 도는 여섯 살 범수의 사연을 보도한 2009년 MBC 〈후 플러스〉는 당시 일·가정 양립을 위해 고군분투하는 엄마의 이야기만 갖고서 사회적 충격을 주기에 충분한 역할을 했다. 이후 1~2차 기본계획 기간에 어린이집을 대폭 늘리는 지원이 확대되었다. 보육료를 거의 무상 수준으로 지원하면서 어린이집에 대한 민간의 투자를 유도한 것이다. 그 결과 어린이집 수는 대폭 늘어났고 부모들이 요구하는 국공립 어린이집과 유치원 설립도 어느 정도 이루어졌다. 어린이집과 유치원에서는 저녁 7~8시까지 아이를 돌봐주며 '2009년 범수'와 같은 사연은 차츰 줄어들기 시작했다.

그런데 초등학교에 입학하는 순간 아이가 있을 곳은 갑자기 사라진다. '초등 돌봄 절벽'이다. 2015년 12월 KBS 〈추적 60분〉에서는 "맞벌이 부모는 방과 후가 두렵다… '돌봄 사각지대'에 놓인 아이들"이라는 제목의 사연이 방송됐다. 이후 초등학생 아이들이 1시 이후 교문을 나서면 갈 곳이 없다는 사실이 화제가 되기 시작했다. 그러나 초등학교는 어린이집과 달리 가르치는 장소일 뿐이라는 고정관념 때문에 엄마들이 원하는 돌봄 서비스를 확대하기는 사실상 불가능했다.

초등학교 아동 대상 돌봄체계는 초등돌봄교실을 중심으로 확대되었다. 2004년 사교육비 경감 대책 중 하나로 '초등 저학년 방과 후 교실'이 도입되었고 2006년부터 중산층 여성 취업 증가에 따른 저출산 대응의 하나로 '초등 방과 후 보육 교실'로 확대 운영되었다. 이렇게 시작한 초등돌봄 교실은 특히 초등학교 저학년에게는 없어서는 안 될 돌봄 서비스로 자리 잡았다. 그러나 학교 돌봄 서비스로서 초등 돌봄교실이 확대될 수 있는 정책 환경은 조성되지 않았다.

아동 대상 지역아동센터가 아동복지법에 근거하여 안정적인 예산 및 인력 지원이 가능한 반면 초등돌봄교실은 초·중등교육법에 근거 조항이 없다. 초등 돌봄 서비스의 법적 근거를 교육 관련 법령에 마련하는 시도가 교사 등 교원의 반발을 샀기 때문이다. 그렇다고 학교 공간에서 제공하는 돌봄 서비스의 법적 근거를 아동복지법 등 사회복지 법령 안에 둘 수도 없기 때문에 초등돌봄교실은 지금도 교육부 고시와 시도교육청의 지침을 기준으로 운영되고 있다. 따라서 부모들이 원하는 만큼 초등돌봄교실 확대를 위한 예산 마련과 인력 지원이 어려운 상황이다.

초등돌봄교실은 지난 20여 년 동안 운영되면서 늘 이용 인원보다 신청 인원이 많아 대기 또한 길다. 초등돌봄교실 참여 아동이 전체 초등학교 아동에서 차지하는 비율은 2000년대 초반 1퍼센트에서 최근에 10퍼센트 수준으로 높아졌다. 실제 돌봄 손길이 집중적으로 필요한 초등 1~3학년 저학년 아동 대비 비율도 최근에야 20퍼센트를 조금 넘는 수준을 보이고 있다. 초등 저학년 아동 10명 중 2명만 초등돌봄교실 서비스를 이용하는 상황이다.[21] 많은 '직장맘'들이 초등돌봄교실 신청 후 "참석 시간을 지키지 않으면 추첨에서 제외됩니다"라는 아주 건조한 문자를 받으면서 어떻게든 시간을 맞춰보지만 결과는 허탈한 경우가 허다했다. "초등돌봄교실 자리 얻기는 로또보다 어렵다"라는 말이 나오는 이유이다. 로또만큼은 아니어도 부모 입장에서 그만큼 절박하다는 뜻일 것이다.

최근 늘봄학교 시범 사업 확대로 대기 인원 적체가 많이 해소되었지만 초등돌봄서비스 확대에 따른 초등 돌봄 절벽 해소가 여전히 시급한 과제로 남아 있다. 2023년 첫발을 내딛은 늘봄학교는 초등 오후 돌봄 서비스 확대를 위해 논의해왔던 전일제학교의 새 이름이다. 이제 초등돌봄교실을 늘봄학교가 대체하는 과정이 진행될 것으로 보인다.

초등돌봄교실의 한계를 극복하거나 보완하기 위한 시도가 없지는 않았다. 우선 2004년부터 시작한 지역아동센터가 있다. 아동복지법에 근거한 사회복지시설로서 초등돌봄교실 이용 아동 수의 절반에 해당하는 규모로 오후 시간 부모의 빈자리를 대신했다. 그런데 지역아동센터는 사회복지시설로 출발했기 때문에 저소득층 아동을 우선으로 운영돼왔다. 이제는 중산층 아동에게도 문호를 개방했지만 여전히 저소득층 아동 중심으로 운영되고 있으며 저소득층 아동 대상 시설이라는 이미지 또한 강하게 남아 있어서 사업 확장에 한계가 있다.

지역아동센터의 한계를 벗어나기 위하여 보건복지부에서는 2018년 다함께돌봄센터 사업을 시작했다. 다함께돌봄센터 역시 아동복지법에 근거가 있다. 사회복지시설이기 때문에 교육감이 아닌 지자체 시도지사 및 시장, 군수, 구청장이 할 수 있는 방과 후 돌봄 서비스다. 그러나 사업 시행 후 몇 년이 지났음에도 이용 아동 수는 매우 적다. 다함께 돌봄센터 이용 정원 자체도 전국적으로 2만 명이 채 안 된다. 저학년 아동이 방과 후에 학교를 벗어나 이동하는 것도 결국 부모의 일이기에 호응을 얻기 어려운 면이 있다.

다함께돌봄센터의 한계를 보완하기 위하여 보건복지부와 교육부가 협력하여 2021년부터 시작한 학교돌봄터도 있다. 학교 안에 공간을 만들고 방과 후 돌봄 서비스를 제공한다. 그러나 이 역시 기존 초등돌봄교실과 충돌하기 때문에 지지부진한 상태다.

초등돌봄교실에서 일하는 돌봄전담사는 교육청 소속 공무직이지만 학교돌봄터 돌봄교사는 지자체 소속이다. 돌봄전담사 지위가 상대적으로 안정적이다. 같은 자격에 같은 돌봄 노동을 하지만 학교돌봄터 교사 처우가 더 열악하다. 명칭이 돌봄교사이지 법적 근거가 있는 것도 아니기 때문에 우리가 흔히 생각하는 학교 선생님이 아니다. 이러한 문제를 해결하려면 지자체에서 예산 지원을 확대해야 하지만 지자체의 참여가 활발하지 않다. 하나의 사업을 보건복지부와 교육부가 역할 분담하는 구조 역시 예산과 인력 확대의 걸림돌이 될 수 있다. 부처 간 칸막이 문화가 엄연히 존재하는 상황에서 누군가 주체로서 사업을 확실하게 챙기지 않으면 해당 사업의 확장성을 보장할 수 없다. 학교돌봄터를 이용하는 아동 수가 천 명 단위도 안되는 수준이 이러한 한계를 보여주고 있다.[22]

○ 출산 주체로서 여성의 삶

여성은 출산 주체다. 아빠가 있어야 아이를 잉태하지만, 현재까지 과학기술 발달 수준으로 엄마의 몸을 통하지 않고는 아이가 세상에 나올 수 없다. 엄마는 10개월 동안 평소 즐기던 음식이나 음료도 삼가야 한다. 하던 운동도 못 한다. 모유 수유라도 하게 되면 금욕의 시간은 더 길어진다. 출산 주체로서 여성이라는 표현에 이의 제기를 할 수 없는 이유다. 그런데 주체로서 존중받는 삶이 아니라 고달픈 삶이 출산 후에도 계속 이어진다.

영유아기는 어린이집이나 유치원의 도움으로 보낼 수 있다. 초등 돌봄 절벽 앞에서 고민은 엄마의 몫이다. 아이를 낳기 전까지는 그래도 함께 벌면서 사는 줄 알았는데, 아이를 낳는 순간 아빠와 엄마로서 길이 갈린다. 계속 맞벌이를 해도 돌봄은 엄마 몫이다. 아빠는 옆에서 '도와줄' 뿐이다. 아빠의 참여가 많이 늘어나긴 했지만 돌봄을 조직하고 책임지는 사람은 여전히 엄마다. 학교에 가서 담임교사를 만나고 상담을 하는 아빠들이 많아져도 막상 담임교사를 만나는 약속은 엄마가 미리 잡아둔다. 아빠가 아이와 놀고 씻겨주며 옷도 입혀주지만 빨래와 정리는 엄마의 몫이다. 엄마의 조직에 아빠가 참여하는 형태도 상당히 긍정적인 변화임이 맞다. 그러나 행동뿐 아니라 조직화까지 분담할 때 엄마의 독박 육아라는 말이 사라질 수 있다.

육아휴직을 해도 아빠의 육아휴직과 엄마의 육아휴직은 다르다. 육아휴직을 하는 엄마는 24시간 돌봄에 전념한다. 아빠는 아이를 돌보다가도 엄마가 퇴근하면 자기 일을 한다. '자녀 연령별 육아휴직 사용 비중'이라는 통계를 보면 엄마의 압도적 다수는 아이에게 손길이 집중적으로 가야 하는 영아기에 육아휴직을 한다. 육아휴직 엄마의 80퍼센트 이상이다. 반면 아빠는 아이 초등학교 입학기에 가장 많이 육아휴직을 사용한다. 아이 곁에 있는 상황은 같아도 엄마가 선택하는 시기와 아빠가 선택하는 시기에 들어가는 돌봄의 질은 극명히 갈린다.

육아휴직을 사용하는 엄마와 아빠의 모습을 단적으로 엿볼 수 있는 장면이 있다. 육아휴직 중인 아빠가 놀이터에서 아이 노는 걸 '지켜보고' 있다. 스마트폰 삼매경에 빠지기도 한다. 잠시 후 엄마가 도착하자 아이는 엄마에게 달려간다. 엄마의 저녁 돌봄과 가사 노동이 시작된다.

다른 장면에서는 육아휴직을 사용한 엄마가 놀이터에서 아이와 함께 있다. 아이랑 같이 놀기도 하고 다른 엄마들과 무슨 학원에 보내면 좋을지, 어느 어린이집, 어느 유치원이 나은지 이야기도 나눈다. 아빠가 도착하자 아이는 아빠에게 달려간다. 잠시 아빠가 놀아주는 사이 엄마는 저녁 식사 준비 등 가사노동을 다시 시작한다.

아이에게 온전히 관심을 집중하고 가사·돌봄 노동도 완벽히 분담하는 아빠들에게는 미안한 이야기일 수 있다. 하지만 남성의 육아휴직과 여성의 육아휴직의 양상이 아직은 다르다는 점에 주목할 필요가 있다. 엄마는 육아휴직을 사용하더라도 취업과 돌봄 노동의 이중 부담에 시달린다. 친정이나 시댁 등 보조 양육자 없이 엄마 혼자 아이를 기르는 가정이 많아지면서 '독박 육아'라는 말도 등장했다. 공교롭게도 출산율의 급격한 저하와 독박 육아 표현의 등장 시기도 일치한다. 2015년 1.2를 넘었던 합계출산율이 곤두박질치는 동안 독박 육아라는 말이 사회에 자리를 잡았던 것이다.

독박 육아라는 표현은 2015년 초 모 의류 회사의 광고 모델 활동을 하던 엄마들을 취재한 기사에서 처음 등장했다. 뒤이어 서울신문에서 「독박(讀博) 육아 일기」라는 기사를 연재하면서 관련 기사가 급증하기 시작하였다. 서울신문은 독박 육아를 친정이나 시댁 등 보조 양육자가 없이 대부분의 시간을 엄마 혼자서 아이를 키우는 것을 가리키는 말이라고 소개했다. 당시 엄마들 사이에서 흔히 쓰이는 은어로 육아의 책임을 혼자 뒤집어썼다는 뜻이다. 연재 기사를 담당했던 서울신문 허백윤 기자는 2016년 『독박 육아』라는 책을 펴내면서 한국 사회 엄마들의 독박 육아를 더욱 가시화하는 데 기여했다.

독박 육아는 경력 단절로 이어질 가능성이 높다. 여성의 취업 생애주기를 그래프화하면 출산과 여성의 경력 단절 관계가 잘 나타난다. 여성 고용률은 학교를 졸업하고 첫 취업을 하는 시기에 올라가고 결혼하고 임신과 출산을 하는 시기에 떨어진다. 아이가 성장해서 엄마의 손길이 덜 필요하기 시작하면 여성 고용률은 다시 올라갔다가 나이가 들면서 자연스럽게 내려간다. 남성의 취업 생애주기가 한번 상승하면 꾸준히 유지되다가 나이가 들면서 떨어지는 '고원형'을 보이는 반면 여성의 취업 생애주기는 결혼과 출산을 기점으로 'M자형' 곡선을 그린다.[23]

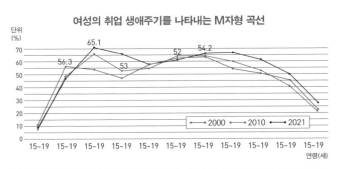

여성의 취업 생애주기를 나타내는 M자형 곡선

2000년 56.3(20~24세) → 47.3(30~34세) → 62(40~44세), 평균 첫출산 연령 29.03세
2010년 66.1(25~29세) → 53(30~34세) → 64.2(45~49세), 평균 첫출산 연령 31.26세
2021년 70.9(25~29세) → 57.5(35~39세) → 67.1(50~54세), 평균 첫출산 연령 33.36세

2021년 기준으로 볼 때, 고용률 70퍼센트 내외에서 함께 사회생활을 시작한 남녀의 길은 30대 초중반이 되면서 남성 85.7퍼센트, 여성 65.7퍼센트로 갈라진다. 30~40대를 거치면서 남성 고용률은 90퍼센트 수준으로 올라가지만, 여성 고용률은 57.5퍼센트로 최저점을 찍은 후, 점차 상승하여 40대 중후반이 되면서 70퍼센트에 근접한다.

2000년 기준 여성 고용률은 20대 초반(20~24세)에 56.3퍼센트까지 올라갔다가 30대 초반(30~34세)에 47.3퍼센트로 떨어진다. 여성의 임신·출산·돌봄이 20대 후반부터 본격적으로 시작된 결과이다. 당시 첫 아이를 낳는 평균 연령이 20대 후반에서 30대 초반임을 고려하면 여성의 첫 출산 시기에 고용률이 현저히 떨어지는 것을 확인할 수 있다. 2010년에는 최저 고용률이 53퍼센트로 상승하는 변화를 보인다. 한창 아이를 낳고 돌봐야 하는 30대 초중반에도 취업 활동을 유지하는 여성의 숫자가 많아졌다는 의미다. 그리고 또 10년이 지난 시점에서 최저 고용률은 57.5퍼센트로 높아진다. 첫 아이 출산 연령이 높아짐에 따라 최저 고용률 등장 시점 또한 35~39세로 옮겨가고 있는 것이다.

최근에는 M자형 곡선의 폭이 완화되는 현상이 생겼다. 그렇다면 여성의 독박 육아 부담이 완화되면서 경력 단절 가능성도 함께 감소했다고 해석할 수 있을까? 어느 정도 그런 설명이 가능할 수도 있다. 하지만 최근 몇 년간의 급격한 출산율 감소를 감안하면 이는 여성의 경력 단절이 완화된 게 아니라 경력 단절이 될 이유가 없는 비혼 여성, 즉 출산 의도가 없는 기혼 여성 수가 증가한 것으로 해석이 가능하다.

이러한 해석은 기혼 여성의 경력 단절 이유에도 적용할 수 있다. 기혼 여성 경력 단절의 가장 큰 이유는 돌봐야 하는 자녀 유무이다. 통계청 '지역별 고용조사' 자료를 보면 15~54세 기혼 여성 중 경력 단절하는 여성 비율이 점차 감소하는 추세를 보인다. 2011년 기혼 여성 중 19.2퍼센트가 경력 단절을 하였는데 10년 뒤 이 비율이 17.4퍼센트로 내려갔다. 그러나 이 또한 독박 육아와 경력 단절의 고리가 끊어졌다는 해석으로 보기는 어렵다. 기혼 여성 출산이 아예 없거나 한 자녀로 그치는 현상이 지배적으로 많아졌기 때문이다. 18세 미만 미성년 자녀가 있는 기혼 여성의 경력 단절 실태가 이를 뒷받침한다. 2021년 기준 전체 기혼 여성 100명 중 17명 정도, 830만여 명 중 144만여 명 규모가 경력이 단절된다. 그런데 6세 이하 어린 자녀가 있는 기혼 여성 460만여 명 중 경력 단절 여성 수는 120만 명에 가깝다. 37.5퍼센트, 100명 중 38명에 가까운 비율이다. 평균적인 경력 단절 여성 비율에 비해 두 배 이상 높다. 7~12세 자녀를 둔 기혼 여성 경력 단절 비율도 21.6퍼센트, 100명 중 22명 수준이다.

출산 주체로서 여성의 삶이 독박 육아와 경력 단절로 이어지는 한 출산율의 결정적 반등은 기대하기 어렵다. 돌봄·교육 비용 부담이 해소되고 안정적인 일자리와 주거 보장이 되면 어느 정도 출산율 상승은 있을 것이다. 삶의 질을 구성하는 필요조건으로서 경제적 생활수준 향상 때문이다. 그러나 독박 육아와 경력 단절 해소를 통한 출산 주체로서 여성의 삶의 만족도 향상이 없다면 한국 사회는 지속적 저출산 현상을 지켜보아야만 할 것이다.

○ 여성의 출산파업

여성은 출산 주체로서 아이와 몸으로 직접 교감하며 돌봄을 전담해왔다. 동시에 최근 20여 년 사이 여성 사회참여 확대라는 혁명적 변화가 일어났다. 하지만 국가와 사회가 혁명에 제대로 대응하지 못했다. 아빠는 하던 취업 활동만 계속하면서 가사·돌봄 노동을 도와주면 되지만, 여성은 늘 하던 가사·돌봄 노동에 취업 활동까지 더해야 하는 이중 부담을 안게 되었다. 독박 육아라는 표현이 그래서 등장하였다. 경력 단절에 대한 정책적 대응도 시작되었다. 2008년 여성의 경제활동 촉진과 경력 단절 예방법(여성경제활동법)도 나왔고 2012년에는 사회보장기본법에서 '사회보장제도로써 대응해야 할 사회적 위험으로서 임신과 출산'을 명시하는 법 개정도 있었다. 그러나 아직 법의 변화만큼 생활에서의 변화는 느끼기 어렵다.

둘이 함께 낳은 아이지만 결국 엄마가 돌봄을 홀로 전담해야 하고 아빠는 계속 일터로만 내몰리는 현실에서 엄마는 추가 출산 의도를 갖지 않게 된다. 그 모습을 바라보는 미혼 여성은 결혼과 출산을 일찌감치 포기하고 비혼 여성이 된다. 여성 개인의 이러한 선택이 모여서 마치 조직적인 출산파업 같은 현상이 한국 사회에 나타나고 있다. 엄마만 경험하는 독박 육아, 경력 단절을 예방하고 아빠가 함께 돌봄을 분담하는 민주적 가족관계로의 변화가 아직 일어나고 있지 않기 때문이다.

여성 사회참여 확대라는 혁명적 변화에 국가와 사회가 '함께 돌봄'으로써 대응하지 않았을 때 저출산 현상이 나타나는 경험을 이미 서유럽 복지국가에서는 수십 년 전에 겪었다. 제2차 세계대전 이후 서유럽 복지국가 발전의 기본 토대는 '성별 역할 분리 규범'이었다. 주부양자, 주소득자로서 남성의 취업 활동, 가사·돌봄 노동 담당자 및 보완적 소득자로서 여성 간 역할 분담이 정상적이며 바람직한 사회 규범이었다. 따라서 복지국가도 이러한 규범을 토대로 발전하기 시작하였다.

서유럽에서 출범한 복지국가의 전형적인 형태는 노령, 질병, 실업, 사고, 장애 등의 사회적 위험이 생겨났을 때 여기에 대응하는 연금이나 의료 등 사회보장제도를 만드는 것이었다. 더 정확하게는 밖에서 일하던 남편이자 아빠가 늙어서 더 이상 일하지 못하게 됐을 때, 다치거나 실업자가 돼서 더 이상 돈을 벌지 못할 때, 피부양자인 가족들이 먹고살 수 있는 지원을 해주는 것이 전통적 복지국가 모델이었다. 여기에 덧붙이자면 전통적 복지국가의 설계도에서 어린이집이나 유치원 같은 영유아 보육 및 교육 시설과 요양원 같은 돌봄 시설 확대는 아주 작은 비중만 차지할 뿐이었다. 양육과 돌봄은 엄마, 며느리, 딸, 결국 여성의 몫이었기 때문이다.

그러나 70년대 이후 후기산업사회로의 이행과 여성운동의 확대로 인한 가치관 변화에 따른 여성 사회 진출이 늘어나면서 저출산 현상이 나타나기 시작했다. 나가서 일은 해야 하는데, 부모가 일하러 나간 사이 아이가 있을 곳을 찾기 어려운 상황이 되었기 때문이다. "출산이냐, 경력이냐?" 선택의 기로에서 여성, 특히 중산층 여성이 경력을 택하기 시작하면서 출산파업과 같은 양상의 저출산 현상이 전개되었다. 출산율의 최저점 또한 1.3 이하로 내려가는 국가와 그 이상인 국가로 흐름이 나뉘었다. 그래서 콜러[Kohler] 같은 사회학자가 1990년대 총인구 3억 7천만 명 규모의 유럽 국가 중 남유럽, 중부유럽, 그리고 동유럽 14개국에서 동시에 출산율이 1.3 이하로 내려간 현상과 그 이상의 최저출산율을 보인 다른 서유럽 국가 저출산 현상과 구분하기 위하여 초저출산lowest-low fertilty라는 개념을 제시한 이후 합계출산율 1.3이 초저출산의 기준으로 통용되고 있다.

개인적 선택으로서 출산 기피가 아니라 사회 현상으로서 저출산이 지속되고 여성 사회 진출에 따른 가족 내 노인과 장애인 돌봄 공백 문제가 지속되면서, 임신·출산과 돌봄 공백이 개인적 선택이나 위험이 아니라 사회적 위험이 되었다. 전통적으로 복지국가가 대응해왔던 노령, 질병, 실업, 장애, 사고에 더하여 임신·출산과 돌봄 공백이 새로운 사회적 위험으로서 사회보장제도가 해결해야 할 목록에 추가된 것이다. 이런 의미에서 임신·출산, 돌봄 공백을 '신사회적 위험'이라고도 한다. 비용 부담이나 일자리와 주거 불안을 어느 정도 해결한 복지국가 체제에서 엄마의 독박 육아와 경력 단절에 대한 불안이라는 성차별 요인, 삶의 만족도 요인이 저출산 현상을 만들어냈기 때문에 나온 대응이었다.

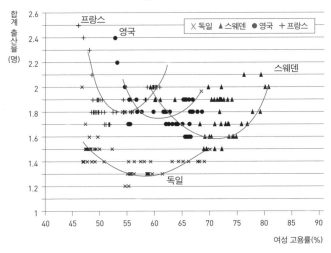

OECD 주요국 출산율과 여성 고용률 간 관계 변화

아이를 낳고 키우는 과제가 개인적 위험이 아닌 국가와 사회가 나서서 지원하는 사회적 위험의 대상으로 복지국가의 변화가 시작된 이후 여성 고용률 증가에 따라 하락하던 출산율이 다시 상승하기 시작했다. 1970년에서 2015년까지 OECD 주요 회원국의 합계출산율과 여성 고용률 간 관계를 보면, 여성 고용률이 증가할수록 합계출산율이 감소하면서 각국이 출산율의 최저점을 경험하는 공통적인 경향이 나타났다. 약 50년 과정에서 고용률이 올라가고 출산율은 내려가다가 어느 순간 출산율이 최저점을 찍고, 고용률과 출산율이 함께 올라가는 과정이 시작된 것이다. 그런 과정을 나타내는 그래프의 모양이 U자형을 보이는데, 출산율이 마치 계곡의 바닥을 치고 다시 올라가는 모양이라서 '이행의 계곡'이라는 표현을 사용하기도 한다.

이행의 계곡 과정은 저절로 일어나지 않았다. 남성 주부양자의 사회적 위험에 대응하는 보편적 사회보장제도 중심 복지국가 확대가 제2차 세계대전 이후에 있었다. 여성 사회참여 확대라는 혁명적 변화가 생겨났지만, 돌보는 존재로서 여성을 전제했던 복지국가는 사회적 돌봄체계 구축이라는 대안을 제시하지 못했다. 경력과 아이 중 하나만을 선택해야 하는 기로에서 여성의 출산 기피가 확대되면서 저출산 현상이 지속되었다. 육아휴직, 육아기 근로시간 단축 및 유연화, 사회적 돌봄체계 구축, 가족친화경영 확산 등 임신·출산과 양육을 사회적 위험으로서 인정하는 복지국가 체제 변화가 일어나면서 여성 고용률이 상승해도 출산율이 올라가는 양상이 전개되었다. 이 과정이 아빠의 돌봄 참여 확대라는 성평등 지향적 가치를 동반하고 진행되면서 서유럽 복지국가의 가족정책은 여성과 남성의 성별 역할 분리 규범이 아니라 부모의 일·가정 양립을 전제로 하는 패러다임 전환을 하였다. 고용 과정에서의 성차별, 성별 임금 격차, 유리천장 해소 등 노동시장 변화도 커지는 아이 울음소리를 만드는 중요한 요소 중 하나라고 말할 수 있다.

서유럽 국가 중에도 저출산 현상이 오랜 기간 지속되었음에도 불구하고 정책적 대응이 비교적 늦었던 나라가 있었다. 대표적 사례를 독일에서 찾을 수 있다. 다른 어떤 유럽 국가보다 '아이는 엄마가 키워야 한다'는 규범이 강했던 독일은 1970년 초부터 이미 시작한 저출산 현상에 엄마 중심 육아휴직과 아동수당, 저소득층 자녀 교육 비용 지원 등 현금 급여 중심 대응을 하였다.

독일은 OECD 회원국 중 늘 평균 이상의 수준을 보이는 '국내총생산 대비 가족복지 지출'에서 지출 규모 중 현금 급여가 차지하는 비중이 1980년대에 거의 90퍼센트에 가까웠다. 그러나 1990년대 이후 3세 이상 유아의 킨더가르텐 자리에 대한 법적 권리 보장을 시작으로 현금 급여 비중이 60퍼센트대 수준으로 떨어지는 반면 사회적 돌봄체계 구축에 투자하는 서비스 지출 규모 비중이 상승하기 시작했다. 아빠의 육아휴직을 강조하는 가족정책 패러다임 전환이 이루어진 2007년, 초등생 오후 돌봄 및 교육 융합 서비스를 제공하는 전일제학교 확대 프로젝트 '교육과 돌봄의 미래(IZBB)'를 1차 완결한 2009년, 1~2세 유아를 대상으로 킨더가르텐 자리 법적 보장을 확대한 2013년을 거치면서 현금 급여의 비중은 50퍼센트 이하로 내려갔다. 영유아기에서 초등학교에 이르는 사회적 돌봄체계 구축이라는 서비스 지출을 확대한 결과다. 이러한 변화가 초저출산율 1.3 이하의 1990년대를 거쳐 유럽연합 평균 수준인 1.6까지의 상승으로 이어졌다.

물론 출산율 상승의 또 다른 중요한 배경은 이미 구축된 복지국가 체제다. 연금보험, 의료보험, 산재보험, 실업보험, 수발보험으로 구성된 5대 사회보험이 노후 소득 보장에 대한 불안과 의료비 지출 부담을 감소하는 기능을 충분히 한다. 대학교까지 등록금이 없고 성적 기준 과열 경쟁이 없는 교육 체제도 한몫한다. 학교 졸업에서 직업훈련, 그리고 취업으로 이어지는 과정에서 청년이 체계적인 지원을 받는다. 일부 대도시에서 문제가 있긴 하지만 주거 역시 사는 공간으로서 국가가 안정적인 지원을 해주고 있다. 임신·출산·양육을 하기 위한 필요조건으로서 비용 문제를 해결해주는 복지국가 체제가 이미 작동하고 있다. 여기에 1980년대와 1990년대를 거치면서 정착한 주 35시간 노동과 유연한 노동시간 제도, 2000년대부터 기업이 주도하면서 시작한 가족친화경영의 확산이 이루어졌다. 결과는 엄마뿐 아니라 아빠의 일·가정 양립이 가능한 사회로 나타났다.

복지국가 체제에 기반한 보편적 사회보장제도와 현금과 서비스의 균형을 맞춘 가족 지원을 통해 출산과 양육의 필요조건으로서 비용 부담을 해소한다. 짧으면서도 유연하게 사용할 수 있는 노동시간, 기업 주도 가족친화경영의 확대, 영유아기에서 초등학교에 이르는 사회적 돌봄 및 교육의 융합 서비스 체계 구축을 통해 부모의 일·가정 양립이 가능해지면서 출산·양육의 충분조건으로서 삶의 만족도가 높아진다. 이러한 변화가 일어날 때, 혹은 최소한 변화에 대한 희망을 가질 수 있을 때, 출산율의 반등이 일어날 수 있음을 초저출산 경험 국가로서 독일이 보여준다.

결국, 출산·양육의 필요조건으로서 비용이 그리 큰 문제가 아니었던 서유럽 복지국가에서 충분조건으로서 여성(과 가족)의 삶의 만족도를 높여주는 일·가정 양립을 가능케 한 가족정책과 노동정책의 패러다임 전환과 가족친화기업의 증가가 우리에게 주는 시사점은 무엇일까? 그들은 이미 필요조건을 어느 정도 충족한 상태에서 성평등적 흐름을 추가하는 대응으로 출산율 계곡의 밑바닥을 벗어날 수 있었다. 그러나 우리는 여성 고용률이 꾸준히 상승하는 가운데 출산율이 한없이 곤두박질치는 상황에서 벗어나지 못하고 있다. 필요조건과 충분조건 둘 다 어렵기 때문이다. 우리는 앞으로 무엇을 해야 하나?

3부

앞으로

할 수
있는 것

,

해야
하는 것

위기는 기회다. 위기가 깊을수록 그 밑바닥에서 올라올 수 있는 희망의 높이도 길어진다. 그야말로 대한민국 대개조 프로젝트를 서둘러야 할 때이다. 임기 몇년에 연연하지 않고 한국 사회에 희망을 줄 수 있는 훌륭한 정치인들이 나와야 한다. 지금까지 무수했던 정책의 퍼즐 조각들을 모아 우리에게 희망의 그림을 보여줄 수 있는 정치적 토대를 구축해야 한다.

─────────

저출산·저출생 대응과 결과

ㅇ 지금까지 해온 것들

제1차 저출산·고령사회 기본계획을 2006년부터 시행하였다. 기본계획에 기반하여 도입한 정책들이 소용없다는 속단은 금물이다. 가족정책 영역을 돈, 시간, 서비스로 나눠세 영역에서 모두 예전에는 없던 정책을 도입하였다. 그러한 복지제도 하나하나가 모여 결국 복지국가로 나아가는길을 만드는 것이다. 다만 서유럽 복지국가가 짧게는 제2차세계대전 이후 70여 년, 길게는 19세기 말 산업혁명기부터

100여 년 넘게 구축해온 복지제도를 우리는 이제야 본격적으로 시작하면서 20여 년 정도의 시간이 흘렀다는 사실에 주목할 수 있다.

대다수의 한국 사람들은 아이를 낳고 키우라고 국가에서 돈을 준다는 생각을 상상도 경험도 하지 못하고 성장했다. 아동수당 제도가 2018년부터 시작됐다. 서유럽 복지국가에서 늦어도 수십 년 전에 이미 보편화된 제도다. 2013년부터는 어린이집과 유치원에 아이를 보내지 않는 부모에게 소득 수준 여부에 상관없이 가정양육수당을 준다. 월 10만 원 주던 아동수당에 영아수당이라고 따로 이름을 붙여 영아기 2년간 월 30만 원 이상씩을 지원하기도 하였다. 2023년부터는 영아수당의 이름을 부모급여로 바꿔 2년간 월 100만 원씩을 준다. 아동수당법에 근거하면서도 아이가 막 태어나서 비용이 많이 드는 시기에는 부모급여 명목으로 훨씬 많은 아동수당을 지급하는 것이다. 영아기 시기가 지난 후에는 아동수당으로서 월 10만 원 정도가 부모 통장으로 이체된다.

자녀 돌봄 시간을 보장해주는 가족 지원은 단순히 시간

만 보장해서는 효과가 없다. 누구도 소득이 사라지는 걸 알면서 그런 지원제도를 사용하려고 하지 않을 것이기 때문이다. 육아휴직도 1988년 남녀고용평등법에 규정을 만들었지만 무급휴직이었기 때문에 사실상 사용이 불가능했다. 2001년부터 육아휴직급여를 정액으로 지급하기 시작하면서 육아휴직제도 확대가 시작되었다. 자녀 돌봄 시간을 확보해주면서 육아휴직급여를 현금으로 지급하는 방식이다. 여전히 부족하다는 목소리가 크지만, 2011년부터는 소득비례정률제로 바뀌었다. OECD 회원국 부모 중 최장의 육아휴직 시간을 보장하는 육아휴직제도는 급여 수준도 수시로 인상하면서 확대되고 있다. 육아기 근로시간 단축을 통한 부모의 돌봄 시간 확보도 2012년부터 시작했다. 아빠가 사용할 수 있는 배우자 출산휴가도 2008년 무급 3일에서 2012년부터 유급 3일, 무급 2일 모두 5일로 늘어났다. 2024년 현재 기준으로는 10일이고 앞으로 계속 늘어날 것이다.

2004년에는 저소득층 가족 대상 어린이집 보육료 지원을 시작하면서 시설에서 아이를 봐주는 서비스도 확대되기 시작했다. 저출산 대응의 주요 정책 수단으로서 어린이집을 중심으로 확대되기 시작한 사회적 돌봄체계는 2013년 소득 수준과 무관한 무상보육 방식으로 전환함으로써 자녀 돌봄을 가족으로부터 국가와 사회가 가져오는 계기를 마련하였다. 복지국가에서나 하는 '탈가족화된 돌봄 서비스'를 한국에서도 본격적으로 시작한 것이다.

어린이집뿐 아니다. 저소득층 대상으로 2004년 지역아동센터가 가족을 대신한 돌봄 서비스를 본격적으로 제공하였다. 현재 지역아동센터는 저소득이 아니어도 이용 가능하게 되었다. 시간 단위로 자녀 돌봄을 대신 해주는 아이돌봄서비스도 2009년부터 출발했다. 초등 돌봄 절벽 현상을 해결하기에 역부족이라서 그렇지 2004년 초등돌봄교실, 2018년 다함께돌봄센터, 2021년 학교 돌봄터 등 가족 대신 초등생 자녀 돌봄을 하는 서비스도 생겨났다. 이제는 늘봄학교 도입 및 확대를 통해 초등 돌봄절벽 문제를 아예 해결하겠다는 변화도 일어나고 있다.

가족 대상 현금, 시간, 돌봄 서비스를 제공하는 정책만 확대된 것이 아니다. 청년 실업 대응 및 일자리 지원 대책이 2000년대초부터 등장했다. 청년 대상 일자리와 주거 지원 정책은 제3차 기본계획을 준비하기 시작한 2015년 즈음 대거 도입되기 시작했다. 청년내일채움공제, 청년내일저축계좌, 고용안정장려금, 근로 환경 개선, 여성 경제활동 지원, 인재 양성 및 훈련 지원, 청년 구직활동 및 창업 지원, 신혼부부 및 아동 양육 가구 주거 지원, 신혼부부 전용 구입자금 및 전세자금 대출, 다자녀 가구 주거 지원, 청년 임대 출자 및 융자, 국가장학금, 교육급여, 고교 취업 연계 장려금, 캠페인, 홍보, 시스템 구축 등 목록을 일일이 열거하자면 지루할 정도일 것이다.

우리나라 사람들 대다수가 경험하지 못했던, 이제 출발하기 시작한 복지제도들이기 때문에 저출산과 연관하여 효과를 단정하기 어렵다. 그나마 이러한 제도들이 있었기에 출산율이 현재보다 더 떨어지지 않았다고 볼 수도 있다. 출산과 양육의 전제 조건으로서 비용 부담을 해소하는 여러 정책적 시도가 이제 복지국가라는 그림을 맞추는 퍼즐 조각으로서 우리 손에 쥐어지기 시작했을 뿐이다.

부모의 일·가정 양립을 가능케 하는 필수 전제 조건으

로서 사회적 돌봄체계와 가족친화경영의 정착을 예로 들어보자. 사회적 돌봄체계로서 영유아기 유치원과 어린이집이 양적 확대를 이루었다. 그러나 태어난 아이들이 어린이집과 유치원으로 갈라져서 가야 하는 상황이다. 어린이집과 유치원은 각각 돌봄, 교육 서비스 공간으로 차이가 분명히 존재한다. 따라서 어린이집과 유치원을 합쳐 영유아기 돌봄·교육 서비스의 질을 향상시키는 과제가 남아 있다. 더군다나 초등 돌봄 절벽을 해소하기 위하여 초등 교육 과정에 돌봄을 접목시키는, 교육과 돌봄의 융합 서비스는 이제야 시작되었다. 늘봄학교가 그러한 과제를 풀어가는 시도로서 현재 진행 중이다. 유보통합이나 늘봄학교가 정착을 하려면 오랜 시간이 필요할 것이다. 국가 재정으로도 그러한 상태인데, 기업의 자발적 참여와 주도가 필요한 가족친화경영, 가족친화기업의 확산은 매우 멀어 보인다.

우리는 OECD 회원국 평균 절반 수준의 복지비를 지출하는 국가에 살고 있다. 극단적 경쟁사회의 분위기 속에서 삶의 만족도 수준도 회원국 중 하위권이다. 학벌 서열, 엄청난 규모의 사교육비 등으로 상징되는 극단적인 경쟁 체제를 구축하면서 한국 사회는 경제성장을 이룩했으나 그 대가로 저출산과 저출생을 얻었다. 평소 꾸준히 하지 않던 공부를 갑자기 한다고 시험 성적이 잘 나오지 않듯이 몇몇 정책으로써 이러한 상황을 해결하기는 어렵다. 이제 정책의 퍼즐 조각을 하나하나 맞춰서 성장의 열매를 나누는 복지국가 체제를 구축하면서 삶의 만족도를 높이는 변화가 시작돼야 할 때이다.

20여 년 전부터 막 시작한 보편적 사회보장제도의 확대는 자녀 양육 비용 부담 감소에 기여할 것이다. 사회적 돌봄체계 완성과 가족친화경영 확대를 통해 일·가정 양립을 보편화해야 한다. 각 지역에서 가족(사람) 친화 생활환경이 조성되면 삶의 만족도는 더욱 높아질 것이다. 객관적 삶의 조건으로서 자녀 양육 관련 비용 부담이 감소하면서 삶의 만족도가 높아지면 삶의 질은 '행복'의 상태로 나아갈 수 있다. 부모로서 행복하다면 아이를 갖고자 하는 생각도 당연히 더 많아질 것이다. 이제 시작일 뿐이다.

○ 여전히 아이 낳지 않을 사회

저출산은 이미 1984년부터 우리 곁에 와 있었다. 1983년 2.06이었던 출산율이 그해에 1.74명이 되었다. 그 이후 한국은 한 번도 1.7이라는 출산율을 구경한 적이 없다. 내려가는 출산율만 있었을 뿐이다. 두 사람이 만나서 두 사람이 나오지 않는 시대가 약 40년 전부터 시작된 셈인데, 당시에는 이를 산아제한 인구정책의 성공으로 보고 축배를 터뜨렸다. 1990년대 중반까지 셋째 자녀 출산 비용은 건강보험 적용도 해주지 않았다. 아이를 낳지 말라는 메시지였다. 이제 출산율 0.7, 출생아 수 30만 명 이하의 시대가 열리고 있다. 출산율 0.6, 출생아 수 20만 명에 대한 공포 분위기도 조성되고 있다.

2000년대 이후 퍼즐 조각 같은 정책들이 벼락공부식으로 저출산 예산 포장을 쓴 채 도입되고 있지만 출산·양육 비용 부담을 확실하게 해결하고 부모의 일·가정 양립에 희망을 주는, 성평등 복지국가라는 큰 그림에는 아직 확신이 없다. 그래서 당분간 한국은 '아이 낳지 않을 사회'로 남을 것이다. 2019년에 장래인구추계를 통해 확인된 저위 추계 시나리오보다 더 낮은 출산율이 지속되다 보니 통상 5년 주기로 발표되던 인구추계 자료가 5년도 안 된 시점에서 다시 나왔다. 저출산·저출생 현상이 심각하다고 보았는지 앞으로 2~3년 주기로 내놓겠다는 통계청의 입장이다.

인구추계는 출산율, 기대수명, 국제순이동(국가 간 인구 유입과 유출)을 조합하여 나오는 결과다. 즉 수년간 지속되는 출생, 사망, 인구이동 수의 변화에서 알고리즘을 찾아내어 인구 규모의 변화 양상을 보여주는 것이다. 하지만 이는 주택 가격 변동, 사교육비 증감, 출산·양육 비용 감소 혹은 증가 등 정책적 요소와, 결혼 및 가족 관련 가치관 변화가 출산율에 어떻게 영향을 주는지는 고려하지 않는 자료이다. 통계청에서도 "인구추계는 장래 인구 변동에 대한 가정을 토대로 작성하였으므로 경제 사회 환경, 정부 정책, 가치관 등의 변화로 인구 변동 요인의 추세가 달라지면 실제 인구와 차이가 날 수 있음"이라고 밝히고 있다.[24]

출산율, 기대수명, 국제순이동이 낮은 수준에서 조합을 이룰 경우 저위 추계, 중간 수준일 경우 중위 추계, 높은 수준일 경우 고위 추계로 인구 규모가 나온다. 이중 간단하게 출산율만 놓고 보면 2022년 0.78이던 출산율이 저위 추계에서는 2025년 0.63, 2072년에는 0.82로 변한다고 보았다. 중위 추계에서 2025년 0.65, 2072년 1.08, 고위 추계에서는 2025년 0.75로 내려갔다가 2072년 1.34까지 올라간다고 보았다. 합계출산율이 여성 1인이 평생 낳는 아이 수임을 감안하면, 여성인구 규모 자체가 줄어들기 때문에 인구 대비 출산율은 올라갈 수도 있다. 그래서 중위 추계로 보더라도 2022년에 25만 명 태어난 아이 수가 2040년에 26만 명까지 올라갈 수 있지만 2072년에는 16만 명이 태어나는 시대가 올 수 있다. 2022년에 36만 명이 사망했기 때문에 사망자 수는 출생아 수보다 이미 11만 명 많았다. 2072년에는 사망자 수가 69만 명으로 사망자와 출생아 수 차이가 53만 명에 이를 수 있다.

요즘 어르신들은 아이 보기 어렵다는 이야기를 한다. 어쩌다 엘리베이터에 어린아이가 타면 말이라도 걸어보려는 어르신들이 흔하다. 지하철에서 아이들이 떠들고 가만히 있지 못하면 호통치던 어르신들이 이제는 그런 아이들의 모습을 보면서 즐긴다. 그런데 한국 사회가 변하지 않고 정책 대응을 제대로 하지 못하거나 희망을 보여주지 못하면, 우리의 가치관이 변하지 않고 화석처럼 완고하게 유지된다면, 지하철 한 칸에 어르신 5명이 탈 때 아이는 1명만 타는 시대가 올 것이다. 그나마 고위 추계일 때 이야기다. 지금처럼 출산율 0.7 내외에서 출발하는 저위 추계가 지속된다면 앞으로 50년 뒤 지하철에는 어르신 11명이 탈 때 아이 1명이 타는 풍경이 펼쳐지게 된다. 인구의 중위연령, 즉 한국 사람을 나이순으로 줄을 세웠을 때 딱 중간에 위치한 사람의 나이가 63.4세가 되기 때문이다. 지금은 45세 정도이다. 어떤 추계를 하더라도 두 명이 만나서 두 명을 낳는, 합계출산율 2.0을 향후 수십 년간 기대할 수 없다면 한국에는 아이 낳지 않을 사회라는 명칭이 적합할 것이다.

대한민국 대개조 프로젝트

o 장님 코끼리 만지기에서 대한민국 대개조로

초저출산 기준인 합계출산율 1.3을 기록했던 2001년 이후 우리는 지금까지 저출산·저출생 요인에 대해 수많은 이야기를 쏟아냈다. 1차에서 4차에 이르는 저출산·고령사회 기본계획은 이 모든 이야기들을 담고 있다. 그 결과로 그간 만들어놓은 정책들은 퍼즐 조각처럼 여기저기에 자리를 잡아가고 있다.

1차와 2차 기본계획은 공통적으로 청년이 직면한 소득

및 고용 불안정 문제를 지적한다. 엄마의 일·가정 양립 곤란도 당연히 등장한다. 자녀 양육과 교육 비용, 특히 사교육비 부담도 빠뜨릴 수 없다. 결혼을 당연하게 생각하던 가치관이 변하고 가족을 꼭 이루어야 한다는 규범 또한 사라진 현상도 나온다. 여성(엄마)이 일과 결혼·출산 중 하나를 선택해야 하는 기로에서 일을 선택하는 경향은 당연하기도 하다. 2차 기본계획에서는 본격적으로 주거비 부담을 거론하기도 했다. 결혼과 출산을 가로막거나 뒤로 미루게 하는 요인들이 이미 20여 년 전부터 한국 사회에 쓰나미처럼 몰려오기 시작한 것이다. 3차 기본계획은 아예 저출산 요인을 따로 분류하거나 제시하지 않았다. 실수로 빠뜨린 것이 아니라 새삼스럽게 언급할 내용이 없다는 판단이었을 듯하다.

4차 기본계획은 그간 논의했던 저출산 요인을 사회경제적 요인, 문화 가치관 요인, 인구학적 요인으로 분류하여 비교적 일목요연하게 제시하였다. 그런데 인구학적 요인인 주출산 연령대 여성인구 감소, 혼인율 하락, 초혼 연령 상승은 사회적, 경제적, 문화적, 가치관적 요인의 결과라고도 볼 수 있다. 이러한 요인이 복합적으로 작용하다 보니 아이를 낳을 수 있는 여성 수도 줄어들고 결혼을 안 하거나 늦게 하기 때문이다.

저출산 요인의 차원과 내용

사회·경제적 요인	문화·가치관 요인	인구학적 요인
• 노동시장 격차와 불안정 고용 증가 • 교육 경쟁 심화 • 높은 주택 가격 • 성차별적 노동 시장 • 일·가정 양립 곤란 • 돌봄 공백	• 전통적·경직적 가족 규범과 제도 • 청년층의 인식과 태도 변화	• 주출산 연령대 여성 인구 감소 • 혼인율 하락 • 초혼 연령 상승

부모, 특히 여성의 일·가정 양립이 어렵기 때문이라고 하면, 청년이 일자리 구하기 어렵고 집을 얻을 엄두가 나지 않기 때문이라는 반론이 펼쳐진다. 예전에는 자녀가 훗날 부모의 노후보장이 될 수 있었는데, 지금은 그럴 수 없기 때문에 '그냥 지금 잘살자'는 의미에서 이른바 딩크(DINK, Double Income No Kids)라는 맞벌이 무자녀 부부가 증가하고 있기 때문이라고 한다. 서울과 수도권에 하도 밀집해서

살다 보니 생존 본능이 발동하여 아이를 낳을 생각을 하지 않는다는 진화론적 이야기까지 등장한다. 어느 것 하나 "아니다!"라고 뚝 자를 수 있는 주장이 없다. 그러다 보니 우리가 모여서 저출산 요인 관련 이야기를 하다 보면 마치 '장님이 코끼리 만지기' 같은 모습이 나온다. 본래 이 표현은 성급한 일반화의 오류를 뜻하지만, 저출산 요인을 각각 설명하려는 시도를 성급한 일반화로 보기는 어렵다. 일자리, 주거, 돌봄, 교육 등이 하나하나가 갖는 의미가 너무 크기 때문이다.

하여간에 우리의 일상이 다음과 같은 상태임을 부인하기는 어려울 것이다. 부모가 되면 일·가정 양립이 어렵다. 언제 일자리를 잃을지 불안해하며 산다. 물 들어올 때 노 저어야 한다는 생각에 끊임없이 일에 몰두한다. 아이를 낳아 키우면서 그 비용을 감당하다 보면 내 노후는 불안해진다. 아이가 태어난 순간부터 엄마는 독박 육아와 경력 단절의 불안에 시달려야 한다. 엄마가 직장을 그만두면 아빠는 외벌이가 된다. 가장이라는 역할이 심리적으로 너무 부담이 된다. 남들만큼 아이를 키울 자신이 없어진다.

부모가 된 사람들을 바라보고 있는 청년의 삶도 어렵기는 마찬가지다. 아무리 노력해도 원하는 직장에 들어가기 어렵다. 비정규직, 알바 자리를 전전하면서 저축은커녕 당장 살아가기도 힘들다. 사람을 만나고 사귀는 생활은 사치에 가깝다. 계획한 여러 가지 일이나 준비를 하려면 연애와 결혼은 우선순위에서 뒤로 밀린다. 아이를 낳아도 남들처럼 교육시키고 이것저것 사주면서 키우기 어렵다는 생각이 든다. 지금 나 혼자 먹고살기도 힘든 마당에 아이 낳기는 생각만으로도 사치다. 결국 내 인생이 중요한데, 결혼하고 아이를 낳았을 때 포기해야 할 나의 것들이 너무 많다.

이렇게 살고 있는 우리의 일상을 표현하는 말들이 있다. 피로사회, 불안사회, 경쟁사회, 차별사회, 박탈사회 등이다. 모두 부정적 이미지를 전달한다. 행복사회, 안심사회, 협동사회, 연대사회, 평등사회, 만족사회라는 표현을 보았는가? 정의사회, 공정사회 같은 말들은 있었지만 피로사회처럼 현실 묘사가 아니라, 앞으로 이렇게 해보자는 구호일 뿐이다.

결국 피로사회를 일·생활 균형 사회, 일·가정 양립 사회로 만들어야 한다. 불안과 경쟁에 시달리는 사회가 복지사회가 되어야 한다. 차별사회가 (성)평등사회, 다양성 사회로 변해야 한다. 박탈사회를 공정사회로 만들어야 한다. 그야말로 대한민국 대개조 프로젝트를 해야 한다. 현재 인구 5천만 명이 넘는 사회가 합계출산율 0.7, 출생아 수 20만 명의 지속으로 인한 파멸의 길로 빠지지 않으려면 지금 당장 시작해야 한다.

삶의 질이 행복이나 적응 상태에 있을 때 사람은 아이를 낳는다. 불일치와 박탈 상태에 있을 때 출산을 기피한다. 국가의 존재 이유는 물질적으로 궁핍한 상태에 있는 사람이 삶에 만족하도록 적응시키는 것이 아니다. 사회 구성원이 물질적 조건과 삶의 만족도 모두 높은 행복의 상태로 갈 수 있도록 만들어야 한다. 대한민국 대개조 프로젝트의 목표다.

골든타임 자체는 지나갔을지 모른다. 첫 번째 골든타임은 1984년 출산율 1.7을 기록하면서 처음으로 대체출산율이 2.1 이하로 내려갔을 때 있었다. 산아제한을 목표로 했던 인구정책을 장기적 관점에서 재편하는 로드맵 구성을 시작했어야 했다. 두 번째 골든타임은 출산율 1.5가 지속되던 1997년 정부가 신인구정책을 발표하면서 인구 규모의 양적 관리에서 인구구성의 질적 관리를 선언했던 시기다. 그러나 선언만 했을 뿐 무엇을 했는지 잘 모르겠다. 세 번째 골든타임은 처음으로 합계출산율이 초저출산의 기준인 1.3을 기록했던 2001년 이후다. 이후 2005년 저출산·고령사회기본법 제정, 저출산·고령사회위원회 구성 등 후속 조치가 이어졌지만 대한민국 대개조 프로젝트에 대한 정치적 사회적 합의는 없었다. 단편적이고 즉흥적인 대응이 이어졌을 뿐이다.

산업화 시대를 거치면서 한국 사회는 압축적 근대화, 권위주의적 정치체제, 가부장적 가족문화, 수도권 집중 개발이라는 정치적 합의를 바탕으로 경제성장을 이루어냈다. 우리의 선택이었다. 지금의 초저출산·초저출생 현상은 수십 년에 걸쳐 이루어진 정치적 선택의 과정이 만들어낸 결과다. 이러한 결과를 몇몇 정책적 영역이 변화한다고 당장 바꿀 수 있을까? 1차에서 4차에 이르는 저출산 기본계획 시행 기간 수많은 정책이 조각조각으로 나왔다. 그 조각들을 맞춰서 어떤 대한민국 사회를 만들어낼지에 대한 정치적 합의는 없었다. 우리가 살아갈 사회의 모습에 대한 정치적 합의, 그러한 모습을 가능케 하는 정치체제의 변화 없이 현재 저출산·저출생 현상의 반등을 기대하기는 어렵다. 당장 기성세대는 심각한 문제로 보는 저출산·저출생을 청년세대는 자신의 문제로 심각하게 받아들이지 않는다. 기성세대가 그리는 미래 한국 사회의 모습과 청년세대가 희망하는 자신의 미래가 일치하지 않기 때문이다.

4차 저출산 기본계획에서 제시하는 저출산 요인 하나하나의 무게가 굉장하다. 노동시장 격차와 불안정 고용을 어떤 정책으로 해결할 수 있나? 교육 경쟁으로 인한 문제 해결을 위하여 서울대와 대치동 학원을 없애는 정책을 어떻게 만들어낼 것인가? 가능하긴 한가? 국토 균형발전을 외치면서 서울과 수도권에 만들고 있는 GTX 노선은 어느 정도까지 확대할 것인가? '함께 일하고, 함께 돌보는 사회'를 만들자고 하면서 가족관계를 규정하는 민법에 뿌리 깊게 자리 잡고 있는 부계혈통주의는 어떻게 개혁할 것인가?

온몸이 병든 환자 '대한민국'을 링거 같은 몇몇 정책으로 건강하게 만들 수 없다. 그러면 포기할 것인가? 그렇지 않다. 위기는 기회다. 위기가 깊을수록 그 밑바닥에서 올라올 수 있는 희망의 높이도 길어진다. 그야말로 대한민국 대개조 프로젝트를 서둘러야 할 때이다. 임기 4년~5년에 연연하지 않고 한국 사회에 희망을 줄 수 있는 훌륭한 정치인들이 나와야 한다.

지금까지 등장한 무수히 많은 정책의 퍼즐 조각을 모아서 우리에게 희망의 그림을 보여줄 수 있는 정치적 토대를 구축해야 한다. 너무나 다양해진 청년의 욕구와 한국 사회 모든 영역에 퍼져 있는 저출산 요인, 그에 대한 다양한 해법이 만나는 지점을 찾아가야 한다. 마치 코끼리의 한 부분을 더듬거리며 생김새를 가늠하듯, 하나의 질문에 하나의 대답을 더하는 식으로 조금씩 해결책을 모색하는 수밖에 없다. 그렇지만 어떤 코끼리의 모습을 만들어나가고 있는지에 대한 희망과 비전을 가질 수 있어야 한다. 사람을 만나고 연애를 하며 가족을 이루는 과정이 자연스러웠던 시대는 지나갔다.

○ 사회개혁의 경로

대한민국 대개조 프로젝트의 방향은 어떻게 잡아야 할 것 인가? 낮은 삶의 질을 개선하려면 피로사회, 불안사회, 차별사회, 박탈사회로부터의 변화가 필요하다. 피로사회에서 벗어나려면 일, 생활, 가정 간의 균형을 조율해야 한다. 적절하게 일하고, 적절하게 돌보고, 적절한 여가를 즐길 수 있는 환경이 조성되어야 한다. 불안사회는 사회보장제도를 통한 복지국가 구축을 통해 개선될 수 있을 것이다. 노후 돌봄에 대한 불안, 일자리에 대한 불안을 단계적으로 해결해나가야 한다. 독박 육아, 경력 단절로 인한 불이익을 만드는 차별사회 또한 개선되어야 한다. 동시에 개인이 원하는 가족의 형태를 존중하는 다양성 사회로의 변화가 필요하다. 끊임없이 계층 상승의 사다리를 찾아서 헤매야 하는, 끊임없이 올라가야 하는 박탈사회에서 공정사회로의 변화도 필요하다. 이런 이야기가 뜬구름 잡는 것처럼 다소 허망하게 들릴 수 있다. 비전으로서 구름 위 이야기를 조금 밑으로 내려서 사회개혁의 경로를 찾아보자.

우선, 보편적 사회보장제도 구축과 가족복지 지출 확대를 통해 물질적 생활 조건을 개선하고 비용 문제를 해결해야 한다. 취업과 주거 지원의 초점을 청년에게만 맞추어서는 희망을 줄 수 없다. 청년의 미래는 중년, 장년, 노년이다. 한국 사회 모든 구성원이 살 만하다는 느낌을 갖는 사회가 되어야 삶의 의미를 자신보다 가족과 친구에서 찾는 변화가 일어나고 그 과정에서 아이 울음소리도 다시 들리게 될 것이다. 한국은 국내총생산(GDP) 대비 사회복지비 지출 비율과 가족복지비 지출 비율이 OECD 회원국 중 하위권이다. 임신, 출산, 돌봄, 교육에 대한 투자 규모도 하루빨리 회원국 평균 수준 이상으로 올려야 한다. 교육투자 부문에서 초중등 교육 영역 지표는 회원국 평균 이상이지만, 대학 교육 영역에서는 여전히 평균 이하다. 사교육 비용 지출이 결국 대학 진학에 초점이 맞춰져 있는 것도 우연이 아니다.

그러나 비용 부담 감소나 해소가 무조건 출산으로 이어지지는 않는다. 경제가 성장해도 노동시간이 길어지고 경쟁 체제가 심화되는 문제가 남아 있기 때문이다. OECD 회원국 최장 수준의 노동시간을 당장 줄일 수 없다면, 부모라도 자녀 연령 초등학교 시기까지 눈치 보지 않고 육아기 근로시간 단축을 사용할 수 있도록 노동시장 개혁을 시도할 수 있다. 사회 각 영역에서 격차가 심하지만 특히 교육격차는 매우 상징적인 문제다. 저출산·저출생 시대에 교육격차 문제가 더 심각해질 것이라는 예측이 이미 20여 년 전에도 있었다. 2003년 8월 한겨레 신문에 실린 칼럼에서 김선주 논설위원은 "자녀를 한 명 정도 낳는 저출산율 시대가 계속되면 자녀를 고등학교만 마치게 할 부모는 없을 성싶다"라고 하며 "모든 사람이 대학에 가는 10년쯤 뒤에는 같은 대졸이라도 학벌을 따지게 되지 않을까"라고 지적한 바 있다.

상황이 이렇다 보니 고도의 경제성장과 민주화를 동시에 이루어냈다는 국민적 자부심과 달리 삶에 대한 만족도는 아주 낮다. '삶의 질, OECD, 한국'이라는 키워드로 검색해 보면 우리나라가 굉장히 많은 지표에서 OECD 기준 최하위권을 차지하고 있다는 것을 알 수 있다. 피곤, 불안, 차별에 대한 불만이 만연한 사회에서 물질적 생활 조건이 모든 것을 충족할 수는 없다. 부부가 둘이서 한 달에 천만 원 이상 벌어서 연봉 1억을 번다고 하더라도 끊임없이 자기 아이를 돌볼 사람을 찾아야 한다면 '워라밸'이 성립할 수 없다. 직장 수입은 안정적이지만 독박 육아와 경력 단절 혹은 유리천장을 경험해야 한다면 삶의 만족도가 높을 수 없다. 내가 내 삶의 그림을 스스로 그려나갈 수 없다면, 스스로 그린 내 삶의 그림을 한국 사회가 정답이 아니라고 받아들인다면 불안하고 피곤할 뿐이다.

비용의 문제가 해결되지 않은 상황에서 성평등이나 다양성에 대한 수용 수준만 높인다고 해도 출산율이 반등하지는 않는다. 일자리와 주거를 지원하고 출산장려금을 후하게 준다고 해서 금방 아이를 낳지는 않는다. 임신, 출산, 돌봄이 삶의 만족 요인이 아니라 불안 요인으로 여겨진다면 물질적 지원이 있더라도 쉽사리 아이를 낳는 결심으로 이어지지는 않을 것이다.

저출산을 만드는 사회구조는 투 트랙으로 존재한다. 그래서 사회개혁의 경로도 투 트랙으로 가야 한다. 우리는 비용도 삶의 만족도도 모두 문제다. 이거냐 저거냐를 따지지 않고 비용 부담 해소와 삶의 만족도 수준 향상이 접점을 찾을 수 있는 사회개혁의 경로를 만들어야 한다.

사회 개혁의 경로

비용 부담 해소	삶의 만족도 수준 향상
임신·출산·돌봄 비용 지원 보편적 사회보장제도 확대 취업·주거 지원 확대 + 교육 개혁 + 노동시장 개혁	일·가정 양립 성평등, 삶의 형태의 다양성 가족(사람)친화 생활 환경

비용 부담 해소와 삶의 만족도 수준 향상이라는 두 가지 길의 설계도를 제시했다면, 길을 만들기 위해 구체적으로 어떤 작업을 해야 할까? 비용 부담을 유발하고 삶의 만족도를 떨어뜨리는 이유는 무수히 많다. 한국 사회에 축적된 많은 문제들이 비용 부담과 낮은 삶의 만족도의 요인으로 작용한다. 한국사회 대개조를 말하는 이유다. 지나친 경쟁과 교육열, 승자독식주의와 학벌사회가 사라져야 한다. 수도권과 비수도권 불균형 문제도 있다. 단시일 내에 해결이 어렵지만 과감한 투자와 정책적 노력을 통해 대응해볼 수 있다. 부모의 일·가정 양립이 어려운 상황도 낮은 삶의 만족도를 만드는 요인이다. 여성의 독박 육아·경력 단절 문제를 해결하고 아빠의 돌봄 참여를 가능케 하는 대응이 필요하다.

이는 사회적 돌봄체계와 가족친화경영으로 가능하다. 비교적 단기간에 투자를 집중하고 장기적인 정책 변화를 이끌어내야 한다. 이런 맥락에서 나름 당장 중요하면서도 실현 가능성이 있다고 판단되는 대안 몇 가지를 다음 장에서 제시해보겠다.

–

구체적으로 해야 할 것들

o 비용 지원과 삶의 만족도를 높이는 투 트랙 전략

경제적으로 살 만하고 내 삶에 만족하면 아이 낳을 가능성은 높아진다. 가족을 이루어도 경제적으로 살 만한 사회를 만들어야 한다. 돈 문제 때문에 아이를 낳을 수 있는 사람과 낳을 수 없는 사람으로 갈라지는 사회를 그냥 방치해서는 안 된다. 이런 의미에서 저소득층 대상으로는 현금급여 중심 출산 지원 정책을 고려할 수 있다. 소득 수준과 관계없이 지급하는 아동수당과 부모급여, 첫만남 이용권, 국민행복카드 기반 임신·출산기 비용 지원 등에 더하여 저소득층 대상 교육급여 확대, 일회성 출산장려금, 내 집 마련을 위한 주거 지원 등 특화된 접근을 할 수 있다.

하지만 일반적인 경로에서 현금급여 확대의 효과는 기대하기 어려울 것이다. 어느 광역 자치단체에서는 향후 해당 지역에서 태어나는 모든 아이가 만 18세가 될 때까지 1억 원을 지원하겠다는 발표를 했는데, 매우 파격적인 듯하지만 이런 과대포장식 언어는 부모와 청년의 비웃음만 살 뿐이다. 양 머리를 내걸고 실제로는 개고기를 판다는 뜻의 사자성어 양두구육(羊頭狗肉)을 연상시킨다. 이 '1억 플러스 아이드림'이라는 정책에는 이미 보건복지부, 즉 중앙정부가 지급하는 부모급여, 아동수당, 첫만남 이용권, 초중고 교육비 등 7,200만 원이 포함되어 있다. 여기에 해당 지자체에서 18년 동안 2,800만 원을 주겠다는 것이다. 아이를 낳고 그 지역에서 18년 동안 살 경우 월 13만 원 정도의 지원을 받는 셈이다. 크다면 큰 액수일지 모른다. 그러나 그 액수로 부모의 마음, 청년의 마음을 움직일 수 있을까?

아무리 파격적으로 지급한다 하더라도 인구 규모가 수

천만 명인 국가 재정 형편상 소득을 대체할 수 있을 정도의 비용을 지원하기는 불가능하다. 한 달에 300만 원을 버는 사람이 부모급여, 가정양육수당, 양육수당을 합쳐 월 150만 원을 받는다고 하자. 소득의 50퍼센트다. 한 달에 600만 원을 받는 맞벌이 중산층 부부 입장에서는 그 효과가 25퍼센트밖에 되지 않는다. 아이가 어느 정도 성장하고 나서도 계속 직장에 다녀야 하는데 그 돈 받겠다고 당장 직장을 그만둘 수 없다. 지자체에서 중앙정부 지원 빼고 순수하게 부담하여 1억 원을 18세까지 현금으로 준다 해도 월 46만 원 정도다. 지자체 재정은 재정대로 파탄이 나고 부모의 마음은 마음대로 움직이기 어려운 출산장려금에 군이 왜 집착하는가? 차라리 중산층을 대상으로 한 지원은 일·가정 양립과 평등한 돌봄을 목표로 한 지원과 법 마련에 집중해야 할 것이다.

또 하나 간과해서는 안 될 점은 저소득층의 경제적 지위가 자녀에게 그대로 대물림될 수 있다는 점이다. 그저 낳기만 하는 게 아니라, 저소득층 부모가 사람을 만나고 가족을 안정적으로 이끌어갈 기반을 마련해주어야 한다. 저소득층 자녀 또한 부모의 사회적, 경제적 지위에 따른 교육격차를 경험하지 않도록 관련 지원 제도 확대를 통해 양질의 돌봄과 교육 서비스를 점차 늘려가야 한다. 이미 영유아기 누리과정을 통해 양질의 교육 기회를 받을 수 있는 지원제도와 초등생 대상 초등돌봄교실 등이 있다. 이제는 유보통합을 기반으로 보육과 교육 서비스의 질적 수준 향상을 도모하는 한편 초등돌봄교실을 대체하면서 초등생 대상 오후 돌봄·교육 융합 서비스를 제공하는 늘봄학교 도입을 시도하고 있다. 저소득층 대상 현금 지원 확대가 효과를 보려면 영유아기에서 아동기에 이르는 양질의 사회적 돌봄·교육체계 정착이 함께 가야 한다. 이렇게 되면 중산층 부모의 일·가정 양립도 지금보다 훨씬 높은 수준에서 가능해진다.

결국 당장 아이를 키우는 부모 입장에서 볼 때 비용 지원도 중요하고 영유아기에서 아동기에 이르는 사회적 돌봄 체계 확대 및 정착이 필요하다. 경제적 부담도 해소하고 부모로서 삶의 만족도로 높이는 길이기 때문이다. 비용 지원과 삶의 만족도를 충족하는 투 트랙 전략은 누구를 대상으로 하든 어떤 영역에서 하든 우리가 선택해야 하는 길이다.

일·가정 양립에 욕구가 높은 중산층 부모들이 부모와 노동자로서 행복을 두루 경험할 수 있어야 한다. 여성의 독박육아가 사라지고 경력 단절이 사라질 때 우렁찬 아이 울음소리가 여기저기에서 들릴 것이다. 지금은 비혼인 청년들이 그러한 변화를 보면서 마음을 바꿀 수 있다. 그 이상은 당사자 선택의 문제다.

○ 돈 쏟아붓기

2006년부터 저출산·고령사회 기본계획을 만들고 정부가 저출산 예산 규모를 발표해왔지만 그럼에도 출산율은 오르지 않다 보니 막대한 예산을 쏟아붓고도 저출산 대응 정책의 효과가 없다는 비판의 목소리가 커졌다.

먼저, 막대한 예산을 투입했음에도 효과가 없다는 주장을 살펴보자. 정치인, 언론인, 전문가 등 다양한 입을 통해 대규모 예산 투입에도 저출산 문제를 해결하지 못하고 있다는 이야기가 나왔다. "정부는 지난 2006년부터 2023년까지 16년간 280여조 원의 저출산 대응 예산을 투입했으나 출생아 수 감소를 막지 못했다"는 언론 보도와, "2019년 한 해에 정부와 지방자치단체가 35조 6,322억 원의 저출산 예산을 썼고 이는 당해 출생 아동 1명당 1억 2천만 원 수준이다. 그런데 효과가 없다. 따라서 출산 장려를 위해 출생아 1인당 20살까지 매달 100만 원씩 '유소년기본소득'을 지불하자. 현재 각종 출산·육아·교육 관련 보조금을 유소년기본소득으로 대체하면 증세 없이 가능하다"는 전문가 진단도 있었다. 하지만 36조에 이르는 막대한 돈의 대부분은 청년 주거와 일자리 지원, 사회적 돌봄체계 구축 및 환경 개선에 사용한 '보편적 사회보장 예산'이다. 출산율이 우리보다 높은 복지국가에서는 사회적 돌봄체계 관련 예산을 지출하면서 저출산 예산이라는 표현 자체를 사용하지 않는다. 이는 저출산 예산 관련 두 번째 논쟁으로 이어진다. 저출산 예산 개념을 재정립하자는 것이다.

1차 저출산·고령사회 기본계획을 수립하고 실천하기 시작한 2006년부터 '투자 계획, 예산 편성' 등의 용어를 사용하면서 정부에서는 저출산 예산 규모를 제시했다. '280조

썼다'는 저출산 예산이 정부에서 발표한 그 예산의 다년간 누적액을 모아놓은 것이다. 그런데 예산 항목들이 아이를 낳고 키우는 행위와 직접 관련이 없는 것들도 있다. '그린 스마트스쿨 조성 사업' 같은 학교 리모델링 사업이 저출산 예산에 포함되어 있다. 물론 아이 키우기 좋은 환경을 만들 수 있는 사업이라서 저출산 예산으로 볼 수도 있지만 고개를 갸우뚱하는 사람들도 많을 것이다. 부모는 아이를 낳고 키우고 국가와 사회는 부모의 결정과 행위를 지원하는 예산을 투입한다. 저출산 예산을 '행위 지원 예산'과 '결정 지원 예산'으로 나누는 근거다.[25]

행위 지원 예산은 임신·출산·돌봄이라는 부모의 행위를 직접 지원하기 위한 투자다. 주로 영유아기와 초등 저학년기에 집중하여 돌봄·교육 인프라를 구축 및 확대하는데 사용하는 돈이다. 육아휴직급여, 출산휴가급여, 영아수당, 가정양육수당, 아동수당, 아이 돌봄 지원, 어린이집 및 직장 어린이집 지원, 영유아 보육료 지원, 누리과정, 온종일 돌봄, 국가 예방접종, 임산부, 영아 건강관리, 난임 지원, 정신 건강 증진을 위한 지원이 있다. 결정 지원 예산은 아이를 낳기 위한 결정을 하는데 도움을 주는 투자로서 주거, 교육, 고용, 노후보장 등 보편적 사회보장제도 확대를 위하여 지출하는 돈이다.

행위 지원 예산과 결정 지원 예산으로 나누었을 때, 사회적 돌봄체계 확대에 저출산 대응의 초점을 맞췄던 1~2차 기본계획 기간(2006~2015년)에는 저출산 예산 중 행위 지원 예산이 2009년 72.6퍼센트로 높은 비중을 차지하였다. 그러나 청년 주거 및 고용 지원 등 결정 지원을 확대하는 변화를 하기 시작한 3차 기본계획 기간(2016~2020)에는 결정 지원 예산의 비중이 압도적으로 높아지는 경향을 보였다. 아이를 낳고 양육하는 행위에 직접 지원하도록 편성한 예산이 전체 저출산 예산에서 차지하는 비중은 2020년에는 15.2퍼센트에 불과하였다.[26]

결국 그동안 쏟아부었다는 저출산 예산은 실제 아이를 낳고 키우는 행위와, 보편적 사회보장제도 확대를 위한 투자로 분류할 수 있다. 그래서 저출산·고령사회 위원회에서는 4차 기본계획을 제시하면서 '직접 지원'과 '간접 지원'으로 예산 항목을 분류하였다. 직접 지원은 행위 지원 예산이고 간접 지원이 결정 지원 예산인 셈이다. 아동과 가족 지원을 주목적으로 하는 직접 지원 예산과 결혼 및 출산 결정에 영향을 미치는 간접 지원 예산으로 구분되는 저출산 예산의 성격상, 아이를 낳고 돌보며 교육하는 데에는 직접적으로 지원하지 않으면서 심지어 무관한 예산 목록이 수없이 많다는 문제 제기는 충분히 할 수 있다. '쏟아부은 적 없는' 저출산 예산의 실체를 볼 수 있게 되는 것이다. 과대포장된 저출산 예산인 셈이다. 저출산 대응에 돈을 쏟아부었다는 표현은 매우 선동적이고, 저출산 대응을 그리 적극적으로 해오지 않은 한국 사회 현실을 왜곡하는 것이라고 봐야 한다.

저출산 예산을 직접 지원과 간접 지원으로 분류할 수도 있지만, 보편적 사회보장제도 관련 예산과 아동 및 가족 대상 지원 예산을 모두 저출산 예산 규모로 과대 포장하지 말자는 의미에서 아예 저출산 예산 개념을 사용하지 말자, 혹은 대안적 개념을 혼용하자는 주장을 할 수 있다.

대안적 개념으로는 OECD의 국내총생산 대비 가족복지지출 비율이 있다. OECD Family Database라는 사이트에 들어가면 국내총생산에서 차지하는 가족복지 지출 비율이 나온다. 정확히 말하면 가족 급여를 위한 공공지출^{public} $^{spending\ on\ family\ benefits}$이다. 가족에게 직접 제공하면서 오직 자녀 돌봄 지원에 대한 투자만을 의미한다. 난임 지원, 임신·출산 비용 지원 등 의료서비스 관련 비용은 포함하지도 않는다. 의료서비스는 임신·출산, 질병 치료와 예방, 건강 증진 등 어떤 이유로든 개인을 단위로 제공해야 하기 때문이다. 또한 건강, 주거, 고용 등 사회정책 영역 예산이 가족을 지원하는 효과를 내지만 이를 가족복지 지출에 포함하지 않는다. 오로지 아동 돌봄 지원에 대한 지출만 포함한다. 이러한 가족복지지출 종류에는 아동수당이나 육아휴직수당 같은 현금급여, 어린이집 이용 지원과 같은 서비스, 그리고 부양 자녀 공제 등 조세지출이 있다.

2019년 현재 한국의 동 비율은 1.56퍼센트로서 회원국 평균 2.28퍼센트보다 낮은 수준이다. 38개 회원국 중 한국보다 가족복지 지출 비율이 낮은 국가는 스페인, 미국, 코스타리카, 멕시코, 튀르키예 등 5개국뿐이다. 대체로 가족복지 지출 수준이 높은 국가는 출산율도 높은 수준을 보인다.

프랑스, 스웨덴, 노르웨이, 독일 같은 국가는 3퍼센트를 넘는다. 우리의 두 배 이상 수준이다. 합계출산율이 1.3 정도로서 OECD 평균 아래인 일본과 이탈리아가 2퍼센트가 안되는 가족복지지출 비율을 보인다.

지금까지 이야기를 바탕으로 저출산 예산 개념을 다음과 같이 재설정할 수 있다. 첫째, 4차 기본계획에서 제시한 직접 지원과 간접 지원 분류를 통해 실제 자녀 출생 및 돌봄에 투자하는 예산 규모의 실체를 파악하는 것이다. 가족에게 직접 제공하는 현금급여, 돌봄 서비스, 의료비 지원을 직접 지원 예산으로 한다. 주거와 고용 지원, 교육비 부담 완화 등 대응을 간접 지원 예산으로 한다. 둘째, 간접 지원 예산은 보편적 사회보장 영역으로 분리하고 직접 지원 예산만 갖고서 저출산 예산 규모를 정하는 것이다. 실제 아동과 가족에게 직접 제공하는 현금, 서비스, 의료비만으로 저출산 대응 투자 규모로 측정하는 것이다. 셋째, OECD에서 사용하는 국내총생산 대비 가족복지 지출 규모를 적극 활용하는 것이다. 정부의 저출산 예산 개념과 별도로 저출산 대응 투자 규모를 제시할 수 있다. 어떤 개념의 예산이나 투자 개념을 사용하더라도, 지금보다 훨씬 더 많이 써야 한다.
더 이상 쏟아부었다는 과장된 주장을 하지 말자. 그리고 이
제 진짜 한번 돈을 쏟아부어보자!

o 부모의 일·가정 양립

일단 돈을 마련하였다면 당장 어디에 먼저 써야 하나? 모
두가 급하다고 하겠지만 가장 급한 과제는 부모의 일·가정
양립이다. 부모의 일·가정 양립이 가능하려면 사회적 돌봄
체계와 가족친화경영이 당연한 제도이자 규범, 즉 우리의
일상이 되어야 한다.

서유럽 복지국가의 경험에서 '이행의 계곡' 현상을 보았
다. 그 나라들에서도 여성 사회참여 확대는 혁명적 변화였
으며 여전히 진행 중이다. 우리나라에서도 비슷한 혁명이
일어나기 시작했다. 여성 고용률로 상징되는 여성 사회참
여가 급속히 확대되고 있다. 지금 장년층 이상 세대가 경험
하지 못했던 변화다. 졸업 후에는, 누구나 당연히 취업하며,

결혼 후 돈벌이를 그만두는 여성은 오히려 상류층에서나 볼 수 있다. 하지만 여성에게는 여전히 가족과 경력 중 하나를 선택해야 하는 과제가 있다. 지금까지 아빠는 돈만 벌면 됐고 엄마는 살림을 잘하고 아이를 돌보면 되었다. 그런데 엄마가 나가서 일을 하는 시대가 오자 엄마의 과제는 두 개가 되었다. 아빠의 과제는 여전히 하나다. 돈 버는 일만 잘하면 된다. 여기에 덤으로 돌봄을 '도와주면' 개념 있는 아빠가 된다.

엄마와 아빠가 함께 일하고 돌보는 가운데 엄마의 독박 육아와 경력 단절이 사라질 수 있도록 사회적 돌봄·교육 체계를 완성하고 가족친화경영이 보편화되어야 한다. 이 과제를 한국 사회가 이행하지 못하고 있기에 여성 고용률이 증가하면 할수록 합계출산율은 떨어진다. 이는 서유럽 복지국가에서 여성 사회 진출이 확대되던 시기에 겪은 현상이다. 이들은 복지국가 체제에서 돌봄·교육 비용 부담은 적고 노동시간은 이미 짧아져 있었으므로 여성 고용률이 60퍼센트 정도 수준까지 상승했을 때 동시에 단일한 보육 서비스 체계, 초등 전일제학교 확대, 아빠 돌봄 참여 확대가 더해지자 합계출산율이 다시 올라가기 시작했다. 지금 우리나라는 여성 고용률이 60퍼센트선을 향해 가고 있지만 합계출산율은 오히려 더 내려가고 있다. 여성의 독박육아와 경력 단절이라는 표현이 사라지지 않는 한, 한국은 여성 고용률이 60퍼센트 수준에 도달했음에도 불구하고 이행의 계곡을 통과하지 못하고 '이행의 늪'에 빠져 있는 유일한 국가가 될 수도 있다.

저출산·저출생 대응의 골든타임은 이미 지나갔을 수 있다. 출산율 0.7과 출생아 수 20만 명이 수년 안에 변화하기는 현실적으로 어려울 것이다. 통계청이 또 한 번 급하게 내놓은 인구추계에서도 앞으로 50년 뒤 합계출산율은 아무리 높아져도 1.3 정도이고 출생아 수도 20만 명 수준이다. 그렇다고 손 놓고 있을 수 없다는 절박한 심정으로 우리는 무엇이라도 해야 한다. 골든타임이란 저출산·저출산 현상의 획기적 반등을 할 수 있다는 의미가 아니라 이제는 진짜 무엇이라도 하지 않으면 안 된다는 절박한 상황이라는 의미이다.

이행의 늪에서 하루빨리 빠져나오기 위해서는 부모의

일·가정 양립이 가능하다는 희망이 필요하다. 그 첫걸음이 사회적 돌봄체계의 완성이다. 서유럽 복지국가에서는 출생 직후 부모 공동의 1~2년 정도 육아휴직 사용을 강조하고 이후에는 단일한 보육 및 교육 체계를 통해 모든 유아에게 동일하면서도 수준 높은 서비스를 제공한다. 그리고 초등학교에 가면 전일제학교를 통해 부모의 사회경제적 지위와 문화적, 종교적, 인종적 배경 같은 귀속적 지위와 관계없는 오후 교육과 돌봄 서비스를 제공한다.

우리나라로 시선을 돌려보자. 육아휴직은 차치하고서도 사회적 돌봄체계가 제대로 구축되어 있지 않다. 그래도 양적 규모로 볼 때 영유아기 어린이집과 유치원은 어느 정도 완성을 보았다. 심지어 아이가 태어난 지 몇 개월 되지 않았어도 가정 어린이집에 아이를 맡길 수 있다. 육아휴직을 제대로 하지 못하는 척박한 상황 때문이다. 그러나 영유아기 보육 서비스의 질적 수준 향상, 태어난 장소나 환경과 관계없는 동일한 서비스 제공이라는 과제가 남아 있다.

똑같이 우리나라에서 태어난 아이들인데 누구는 유치원에 가고 누구는 어린이집에 간다면 어디가 낫고 낫지 않고를 떠나서 아이들이 누리는 서비스에 차이가 나게 된다. 어린이집은 보건복지부 주관 사회복지시설, 유치원은 교육부 주관 학교이기 때문이다. 이런 차이를 없애기 위한 작업이 유보통합이다. 가칭 '영유아학교'가 되었든 무엇이 됐든 이제 정부조직법 개정안이 국회를 통과하여 영유아기 돌봄·교육 서비스를 온전히 교육부에서 맡아서 한다. 돌보는 시설과 교육하는 시설이 따로 되어 있던 우리와 달리 대부분 선진국에서는 교육과 돌봄을 하나의 체계에서 다룬다. OECD에서도 영유아기 교육과 돌봄을 통합하는 개념으로서 회원국 간 조기 아동 교육·돌봄^{ECEC, Early Childhood Education and Care} 네트워크 구축을 권장하고 있다.

둘로 나뉜 교육·보육 체계가 무엇이 문제냐는 생각을 할 수도 있다. 그러나 학교와 사회복지시설 사이에는 분명한 차이가 존재한다. 그리고 그 차이는 똑같은 아이들이 질적으로 다른 환경에서 성장하는 결과를 만들기도 한다. 김영삼 정부 이후 기회가 될 때마다 어린이집과 유치원의 통합, 즉 유보통합 시도가 있었고 박근혜 정부 때에는 유보통합 시도가 더욱 구체화되었다. 문재인 정부까지 이어진 유보통합은 그러나 실패했다. 시설과 교사 자격, 재원 조달 형태, 평가 체계 등의 영역에서 어린이집과 유치원 사이에 너무 첨예한 이해관계 대립이 있었기 때문이다. 2013년에는 일단 과정이라도 공통으로 만들자는 의미로 3~5세 아동 대상으로 누리과정이 도입되기도 했다.

그런데 이제 상황이 많이 변했다. 태어나는 아이 수가 급감하면서 어린이집과 유치원을 나누어 시설을 유지하기가 어렵게 된 것이다. 성장 과정에서 아이들이 경험하는 돌봄·교육의 질적 수준 격차에 대한 문제의식도 높아졌다. 보육과 교육 모두의 관점에서 유보통합이 필요하다는 사회적 합의는 어느 정도 이루어진 셈이다. 앞으로 어떻게 유보통합을 할 것이냐 하는 구체적 방법에 대한 논의가 남아 있는 상황이다.

유보통합으로 영유아기 사회적 돌봄체계의 질적 수준을 높인다면, 초등 돌봄에는 양적 규모 확대와 질적 수준 향상을 모두 해야 하는 과제가 남아 있다. 초등돌봄교실은 자리를 얻기 힘들기도 하지만 애초에 맞벌이 부부라도 초등돌봄교실 지원을 하지 않는 경우도 많다. 서비스의 질적 수준에

믿음이 없기 때문이다. 영유아기에도 그렇지만, 초등학교 입학 이후에는 돌봄을 넘어선 교육에 대한 욕구가 높아진다. 그래서 초등학교마다 방과후학교 과정이 있다. 그러나 이 과정은 아이가 알아서 교실을 찾아가야 한다. 또한 프로그램별로 선택해야 하기 때문에 한꺼번에 몇 개를 연속적으로 이어서 신청하여 오후 늦게까지 아이가 학교에 머무르기도 어렵다. 한마디로 일하는 부모가 방과후학교에 오후 돌봄을 의존할 수 없다.

그래서 등장한 것이 늘봄학교다. 늘봄학교까지 확대가 되면 우리나라도 영유아기에서 초등학교까지 사회적 돌봄·교육 체계의 전체적인 모습을 갖는 국가가 된다. 점심만 먹고 나오는 아이를 데리러 가야 하고 학원에 보낼지 방과후학교 시간표를 어떻게 짜야 할지 머리가 터지는 부모, 특히 엄마의 스트레스, 박탈감, 불안, 분노가 현실인 이상 부모의 일·가정 양립은 불가능하다. 이러한 부모들의 모습을 그대로 둔 채 저출산·저출생 대응을 이야기한다면 그건 위선이거나 바보짓이다. 늘봄학교를 통해 그런 위선과 바보짓에 마침표를 찍을 가능성을 엿볼 수 있다.

지금까지 우리는 사회적 돌봄체계로서 영유아기 어린이집과 유치원을 만드는 과정에서 어느 정도 양적 차원의 완성을 보았으며 질적 수준의 제고를 위한 유보통합이 과제로 남아 있다. 상대적으로 녹색등이 켜진 영유아기 사회적 돌봄에 비해 초등돌봄에는 빨간불이 들어와 있다. 한국의 사회적 돌봄체계의 색깔은 빨간색에서 녹색등으로 넘어가는 중간 과정으로서 노란색인 셈이다. 그러나 가족친화경영의 체감도는 느끼기 어려울 정도로 걸음마 단계이다. 가족친화경영의 기본이자 첫걸음인 육아휴직조차 제대로 사용하지 못하는 부모 노동자가 대부분이기 때문이다.

여성가족부 사업으로 가족친화인증제가 있다. 가족친화제도를 모범적으로 운영하는 기업과 공공기관에 대하여 심사를 통해 인증을 부여하는 제도다. 이미 2008년부터 시행된 '가족친화 사회환경의 조성 촉진에 관한 법률(가족친화법)'에 근거하고 있다. 가족친화법은 탄력 근무, 자녀 출산·양육·교육 지원, 부양가족 지원, 부모 노동자 당사자 지원, 기타 영역에서 가족친화사업을 규정하고 있다. 탄력 근무에는 시차출퇴근제, 재택근무제, 시간제 근무 등이 있다. 자녀 출산·양육·교육 지원에는 배우자 출산휴가, 육아휴직, 직장 어린이집, 자녀 교육비 지원이 있다. 부양가족 지원에는 부모 돌봄 서비스나 가족간호휴가제 등이 있다. 근로자 지원제도에는 부모 노동자 당사자의 건강, 교육, 상담 프로그램 등의 운영이 있다.

가족친화사업의 목록은 거창하고 인증을 받은 기업 수도 해마다 늘고 있지만 가족친화경영이라는 말 자체가 대다수 부모 노동자에게는 외래어다. 여성가족부 홈페이지를 살펴보면, 전국에 700만 개가 넘는 중소기업 중 2022년 말 누적으로 3,700개 정도 중소기업이 가족친화인증을 받았다. 대기업의 경우 국가정책에 대한 호응도 여부가 금방 드러나고 사회적 여론에 민감할 수밖에 없으며, 비교적 전문노동력 중심 생산을 하는 경향이 있어 육아휴직 사용 실태에서도 드러나듯이 가족친화인증에 적극적일 수 있다. 실적도 양호하다. 그러나 전체 기업 중 압도적 다수를 차지하고 있는 중소기업 중 가족친화인증을 받은 회사는 0.1퍼센트도 안 되는 현실을 보면 부모의 일·가정 양립의 중요한 한 축으로서 가족친화경영은 완전히 빨간불이 들어와 있음을 알 수 있다.

OECD 회원국 중 최장 시간 노동을 하는 한국의 환경에서는 부모의 일·가정 양립이 가능할 수 없다. 가족친화경영 확산의 중요한 수단으로 돌봄 시간 빈곤 해결이 시급하다. 법적으로 육아휴직 기간은 엄마와 아빠에게 회원국 최장 수준으로 보장되어 있다. 우리나라처럼 엄마와 아빠가 각각 1년씩 사용할 수 있는 법 규정을 가진 국가를 찾아보기 어렵다. 다만 현실적으로 사용할 수 없을 뿐이다. 더군다나 육아휴직을 길게 할 경우 복귀 후 적응 문제가 경력 단절로 이어질 가능성도 크다. 그래서 서유럽 복지국가에서는 '육아휴직은 가능하면 짧게, 육아기 탄력 근무를 길게' 하는 흐름을 보이고 있다. 자녀 출생 직후 부모가 함께 육아휴직을 함으로써 아이와 교감하고 성장을 촉진하도록 한다. 이후 사회적 돌봄체계와 육아기 탄력 근무를 조합한 국가의 지원을 받아 부모의 양육 책임을 완성하도록 한다. 사회적 돌봄체계와 가족친화경영이 이처럼 조화를 이룬다면 부모의 일·가정 양립에 녹색등이 들어오는 변화를 이룰 수 있을 것이다.

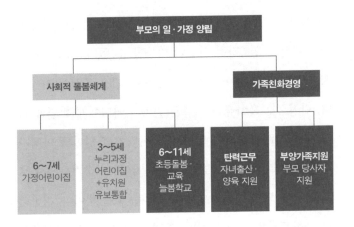

부모의 일·가정 양립

사회적 돌봄체계

가족친화경영

6~7세
가정어린이집

3~5세
누리과정
어린이집
+유치원
유보통합

6~11세
초등돌봄·
교육
늘봄학교

탄력근무
자녀출산·
양육 지원

부양가족지원
부모 당사자
지원

　　사회적 돌봄체계와 가족친화경영을 이야기하다 보면 결국 교육개혁과 노동시장 개혁 문제로 연결된다. 사회적 돌봄체계가 기존의 돌봄 중심에서 돌봄과 교육의 융합으로 변해야 하기 때문이기도 하고 육아휴직이나 육아기 근로시간 단축과 같은 노동시간의 유연한 활용을 노동시장 개혁과 분리하여 생각하기 어렵기 때문이다.

ㅇ 교육개혁

유치원부터 대학교까지 교육개혁 범위는 넓다. 각 연령층 자녀를 둔 학부모가 우리나라에서는 최고의 교육 전문가다. 교육학 영역에서도 전문가가 차고 넘친다. 교육 분야 전문가와 학부모를 상대로 감히 대한민국의 교육개혁을 떠들 생각은 없다. 다만 사회적 돌봄체계와 관련이 깊은 영유아기와 초등학교 시기에 한정하여 교육개혁 양상을 설명해보려 한다.

가칭 영유아학교를 만들려는 유보통합은 교육개혁 영역에 속하는 과제다. 어린이집과 유치원에 다니는 연령대로서 3~5세 유아 대상 누리과정이 있다. 또한 0~2세 영아 대상 가정 어린이집 관리도 정부조직법 개정을 통해 보건복지부에서 교육부로 이관되었다. 지금까지 돌봄 중심 서비스를 제공하고 있는 가정 어린이집도 가칭 유아학교가 되고 교육 기능이 강화되게 된다. 유치원이 어린이집과 합쳐지면서 교육에 돌봄이 강화된다. 전통적인 돌봄 서비스 공간으로서 (가정) 어린이집에 교육이 접목된다.

'교사는 가르치는 사람이지 돌보는 사람이 아니다. 학교는 가르치는 공간이지 돌보는 공간이 아니다'라는 전통적인 교육철학이 변화를 맞는 순간이다. 돌봄에서 정체성을 찾았던 어린이집 선생님들은 가르치는 사람으로서 역량을 더욱 키워야 하는 과제를 갖는다. 가르치는 사람으로서 정체성이 확고한 유치원 교사는 돌봄의 가치를 더욱 접목해야 하는 과제를 갖는다. 영유아 대상 어린이집과 유치원은 사실 돌봄과 교육의 경계가 초등학교만큼 뚜렷하지 않을 수 있다. 따라서 돌보면서 가르치고 가르치며 돌보는 일상이 이미 어느 정도 정착해왔다. 누리과정이 그 사례이다.

2000년대 초반 저출산 대응을 위해 사회적 돌봄체계 확대에 공감대가 형성되었다. 그러나 정부는 유치원보다 어린이집을 만드는 방법을 선택하였고 그 이후 어린이집 수가 급증하였다. 저소득층 보육료 지원에서 시작하여 2013년에는 소득 관계없이 보육료 지원을 하는 무상보육을 실시하였기 때문이다. 그러나 어린이집과 유치원으로 갈려 확대된 유아기 돌봄·교육 체계는 오히려 어린이집에 가는 아이와 유치원에 가는 아이 간 돌봄·교육 서비스의 차이를 낳는 결과로 이어졌다. 게다가 최근 출생아 수의 급격한 감소는 어린이집과 유치원 수의 감소로 이어졌다. 유치원이든 어린이집이든 이제는 가리지 않고 갈 수 있는 곳을 찾아가야 하는 상황이 된 것이다. 더군다나 요즘 엄마 아빠들은 단순한 돌봄도 싫고 아이를 무조건 가르치기만 하는 것도 싫어한다. 수준 높은 교육과 보육에 대한 요구와 기대가 높다. 이런 상황을 모를 리 없는 정치권에서는 이미 한목소리로 유보통합을 굵직한 선거 공약으로 내놓기도 했다.

영유아 대상 교육개혁으로서 유보통합이 되어도 결국 초등 돌봄절벽과 교육격차 해소를 위한 체계가 만들어지지 않으면 출생아 수는 여전히 감소할 것이고, 그나마 많은 아이들이 한국 사회의 지속가능성을 담보할 수 있는 인재로서 성장할 기반도 마련하지 못할 것이다. 이것이 늘봄학교의 도입 배경이다.

늘봄학교는 초등 교육과 돌봄체계의 이름 중 하나이다. 교육의 기능을 강조하는 학교 현장에 돌봄과 교육을 융합한 서비스를 제공하는, 교육개혁의 시동이 걸린 것이다. 이미 돌봄 국가책임제, 온종일 돌봄, 더 놀이학교, 국가 교육 책임제, 전일제학교 등 늘봄학교 등장을 예고한 약속들이 있었다. 아이가 초등학교에 가는 순간 한국의 사회적 돌봄 시계바늘이 거꾸로 가기 때문이다. 영유아기 10명 중 9명의 아이가 어린이집과 유치원에서 오후 시간을 보낼 수 있지만, 초등학교에 가면 10명 중 1~2명의 아이에게만 오후 시간 학교 공간이 허용될 뿐이다. 그러나 초등 돌봄절벽 해소를 위한 기존 노력은 파편적이며 분절적이었다. 교육부는 초등돌봄교실, 복지부는 지역아동센터와 다함께돌봄, 교육부와 복지부가 공동으로 학교돌봄터, 여성가족부는 아이돌봄서비스와 청소년 방과후아카데미를 주관한다. 파편화된 초등 돌봄체계를 개혁하겠다고 시작된 학교돌봄터 사업은 또 하나의 파편이 되었다.

이런 상황에서 늘봄학교는 보기 드물게 진영을 초월하여 도입 논의가 이루어지는 정책 과제이다.[27] 여야가 모두 초등학교 과정의 오후 교육과 돌봄의 융합 서비스 도입을 시도한 과정이 있다. 우선 19대 대통령 선거 당시 문재인 후보는 ①유아부터 초등학생까지 자녀 돌봄 부담 해소 ②육아휴직 확대 ③아빠 엄마가 함께하는 더불어 돌봄이라는,

안심하고 아이를 키울 수 있는 나라를 20대 공약 중 하나로서 아이 키우기 좋은 사회 실현의 3대 영역으로 제시하였다. 지금 늘봄학교는 ①번 영역 초등 돌봄 부담 해소 중 초등학교 돌봄교실 시간 연장과 전 학년 확대에 해당하는 내용이다. 대선 승리 후 초등 전 학년에 걸친 온종일 돌봄체계 모델 구축은 문재인 정부의 100대 국정 과제 중 하나가 되었다. 국정 과제 실현을 위해 당시 저출산·고령사회 위원회는 2018년 8월 가칭 '더 놀이학교 도입 필요성과 쟁점을 논하다'라는 포럼을 개최하여 초등학교 과정 오후 돌봄·교육 프로그램을 제시하였다. 더 놀이학교를 제안하는 과정에서 독일의 전일제학교를 비롯한 해외 각국 초등학교 오후 프로그램 사례가 소개되기도 했다. 비슷한 시기에 미래통합당의 저출생 대책 특별위원회는 2020년 7월 저출생 대응 차원에서 전일제 교육 도입 방안 모색을 위한 정책 토론회를 개최하고 한국형 전일제 교육 방안을 내놓았다. 그 사이 문재인 정부 대통령 직속 정책기획위원회에서도 국정 과제로서 온종일 돌봄 체계 확대 대안 중 하나로 전일제학교 도입 논의를 이어갔다. 그 결과물 중 하나가 2022년 3월

출간된 「온종일 돌봄사회-국정과제협의회 정책기획시리즈 13」이다.

20대 대통령 선거에서 초등 돌봄·교육 서비스 확대는 거대 정당 후보의 공약이 서로 만나는 지점에 있었다. 더불어민주당 이재명 후보는 '돌봄국가책임'을 5대 비전으로서 민생 안정, 20대 핵심 추진 과제 중 12번으로 제시하였다. 초등학교 전 학년 오후 3시 동시 하교제 도입과 초등돌봄교실 저녁 7시까지 확대, 국가 교육과정 외 지역 교육과정 도입을 통한 기본 학력, 예술 체육, 체험 활동 등 학생 맞춤형 프로그램 운영을 통해 초등 돌봄에서 국가 책임을 실현하겠다는 공약이다. 2018년 초 저출산·고령사회 위원회가 제안했던 더 놀이학교의 확대판이었다. 국민의힘 윤석열 후보는 부모의 육아 재택 지원, 유보통합, 초등전일제 교육 실시 및 초등 돌봄 8시까지 확대를 공약했다. 미래통합당 시절 나왔던 전일제학교 개념을 잇는 맥락이었다. 선거 승리 후 전일제학교 도입은 윤석열 행정부의 110대 국정과제 중 하나가 되었으며, 늘봄학교라는 이름으로 구체화되었다.

늘봄학교는 도입 및 확대 과정에서 담임교사, 돌봄전담

사, 방과 후 강사 등 참여 주체 간 역할 분담을 어떻게 할지에 대한 과제를 갖고 있다. 특히 학교 교사의 부담이 발생하지 않도록 늘봄학교 지원 센터 등 매우 다양한 영역에서 후속 조치가 뒤따라야 한다. 학교가 가르치는 공간으로서 교육에 돌봄을 융합하는 공간으로 변신하는 의미가 무엇인지에, 사회적 논의와 학문적 논의도 지속되어야 한다. 교육 개혁이 시작되는 순간이다.

○ 노동시장 개혁

최근 한국 사회 주요 화두 중 하나가 노동시장 개혁이다. 노동시간과 임금체계 개편이 논의의 중심에 서 있다. 논의 과정에서 주간 노동시간 연장 혹은 유연화와 관련한 사회적 논쟁이 치열하게 진행되었다. 주 52시간을 넘겨 일하게 할 것인지 말 것인지, 호봉제 중심 연공성 임금체계를 어떻게 개편할 것인지가 논쟁의 흐름을 주도하고 있다. 매우 어려운 과제이며 과정이다. 산업 영역 간, 사용자와 노동자

간, 노동자와 노동자 간 이해관계가 복잡하게 얽혀 있기 때문이다. 타협의 어려움이 있는 노동시장 개혁이지만 우선 한국 사회가 공감하며 만날 수 있는 영역에서 변화를 추구하면 어떨까? 부모를 중심으로 한 노동시간 단축과 유연 탄력 근무의 확대 말이다. 현재 진행 중인 노동시장 개혁에서 빠져 있는 의제다. 그러나 저출산 대응으로서 이미 구체적인 모습을 보이고 있는 내용이기도 하다.

최근 저출산·고령사회 위원회가 주도한 정책 변화를 통해 '6+6 육아휴직제'를 도입하였고 육아기 근로시간 단축 제도를 확대하였다. 부모가 동시에 육아휴직을 할 경우 육아휴직급여를 더 받을 수 있게 함으로써 아빠 돌봄 참여 확대를 유도하는 것이다. 아빠 육아휴직을 확대할 수 있는 방안을 지속적으로 마련할 필요가 있다. 기간 확대도 중요하지만 육아휴직 기간 중에 승진 심사에서 제외될 위험 등 육아휴직 사용에 따른 불이익과 그에 따른 대한 불안을 해소해주는, 질적인 차원에서의 육아휴직 확대를 생각해볼 수 있다. 또한 초등학교 2학년(만 8세)까지인 근로시간 단축 사용 기간을 초등학교 6학년까지 확대했고, 부모 1인당 사용 기간도 기존 24개월에서 육아휴직 미사용 기간을 포함하여 최대 36개월로 늘렸다. 부모 모두 근로시간 단축제를 활용한다면, 최대 6년(육아휴직 미사용 시)까지 가능하게 된 셈이다. 가족친화경영 확대의 첫걸음이다. 이렇게 시작한 이상 노사 합의를 전제로 하면서 아예 초등학교 6학년까지는 부모가 누구라도 육아기 근로시간 단축을 시간 제약 없이 사용할 수 있는 대안도 고려할 필요가 있다.

아빠의 육아휴직 참여 확대와 부모의 유연한 노동시간 정착은 또 하나의 노동시장 개혁을 가능하게 한다. 성별 임금격차 해소다. OECD 가입 이후 노동시장에서의 성별 격차는 대한민국의 영원한 숙제다. 회원국이 된 이후 우리나라는 단 한 번도 성별 임금격차 1위 자리를 내준 적이 없기 때문이다. 회원국 평균 격차 수준은 10퍼센트대 수준이다. 우리나라 다음으로 격차가 심한 국가들은 20퍼센트 초중반 수준을 보인다. 우리나라는 31퍼센트로 격차가 압도적으로 높은 편이다.

성별 임금격차 해소를 노동시장 개혁 전면에 내세우는 정책 어젠다를 설정함으로써 여성과 엄마들에게 아이 낳기 좋은 환경을 제공하는 단초를 마련할 수 있다. 성별 임금격차 발생의 주요인 중 하나가 임신·출산·양육으로 인한 휴직이나 경력 단절이기 때문이다.

월 임금 총액을 성별로 비교해보면 우리나라 여성 노동자는 남성 노동자 평균 임금의 64.6퍼센트를 받고 있다.[28] OECD에서 집계하고 있는 성별 임금격차를 보더라도 2021년 기준 한국의 성별 임금격차는 31.1퍼센트로 회원국 중 가장 큰 차이를 보였다. 회원국 평균 격차는 17퍼센트 정도다.[29] 성별 임금격차는 남녀 근로자의 중위 임금을 비교한 자료인데, 남성이 100만 원 벌 때 여성은 70만 원 번다는 의미다.

성별 임금격차는 이른바 여성적 일자리가 남성적 일자리에 비해 임금 수준이 낮기 때문이다. 남성이 대다수인 제조업이나 건설업 임금 수준이 여성이 다수인 서비스업 임금 수준보다 높다. 또한 여성들은 취업 노동과 가사·돌봄 노동의 이중 부담으로 인해 직장에서 불리한 기회를 누리며 승진에서 불이익을 당하거나 경력 단절(후 재취업) 등에 직면한다. 남성에 비해 여성은 육아로 인하여 초과근무나 불규칙하게 생기는 추가 근무를 하지 않을 가능성이 높다. 육아휴직이나 경력 단절 기간이 길기 때문에 업무 숙련도가 떨어지면서 임금격차를 받아들여야 하는 상황도 생긴다. 결정적인 순간에 같은 조건에서 여자이기 때문에 승진에서 제외되는 유리천장 효과도 성별 임금격차 발생으로 이어지곤 한다.

결국 똑같이 일을 시작했지만 여성에게는 결혼과 임신 출산의 결과가 남성보다 불리하게 나타난다. 이를 반영하듯 실제로 성별 임금격차는 연령이 높아질수록 더 벌어지는 현상을 보인다. 학교 졸업 후 사실상 100퍼센트 취업하는 여성들이 출산이 주는 불리함을 알면서도 아이를 낳을 결심을 하리라 기대하기 어렵다.

같은 직종, 같은 직장, 같은 직무지만 기회와 승진은 남자들에게 먼저 주어진다는 내용의 기사를 접하면 여성 당사자 입장에서는 본능적으로 남자에게 앞설 수 있는 방법을 찾게 된다. 유리천장의 존재를 모르는 것도 아니고 결국 그러한 난관을 극복할 수 있는 길은 남자들처럼 일하는 것이다. 잠재적으로 자신을 아이 낳고 경력 단절할 것으로 간주

하는 회사 경영진이나 동료 앞에서 많은 여성이 오히려 더욱 결혼과 출산을 회피할 각오를 다지게 된다.

○ 다양한 삶·가족을 포용하는 변화

앞서 살펴보았듯이 상대적으로 출산율이 높은 국가에서 보이는 사회문화적 특징은 다양한 가족과 이민자에 대한 사회 구성원의 수용적 태도와 양성평등 규범의 정착이다. 결국 삶의 다양성을 수용하고 가족내 평등한 돌봄을 사회문화적 규범으로 정착시켜야 합계출산율이 올라가고 출생아 수도 늘어난다고 짐작할 수 있다. 이런 의미에서 앤서니 기든스Anthony Giddens가 제안하는 '가족관계의 민주화Democratization in the context of the family'에 주목할 필요가 있다. 가족관계의 민주화는 한 가족을 먹여 살리고 다스리는 왕으로서 남성 주소득자, 왕비처럼 내조하며 아이를 낳고 돌보는 보완적 소득자 혹은 전업주부 여성으로 구성되는 전근대적 왕정 체제와 같은 가족은, 후기산업사회의 지속가능성을 보장할 수 있는 적절한 제도가 아니라는 전제에서 출발한다. 사회의 가장 기본적인 단위로서 가족이 변하지 않는 한 사회도 변할 수 없기 때문이다.

가족은 사회에서 일어나는 모든 변화가 만나는 지점이자 공간이다. 확산하고 있는 성평등적 규범과 여성의 취업 활동 증가, 성별 역할 관련 기대, 가치 및 규범과 행위의 변화, 가정과 노동 간 변화하는 관계가 모두 가족 안에 투영된다. 이러한 상황에서 남녀 성별 역할 분리 규범에 기초한 전통적 가족을 유지할 경우 사람들은 가족에 대한 기대를 저버리게 될 것이다. 사회가 민주화하면서 변하는 만큼 가족 내 관계도 변해야 한다. 지금 일상에서 일어나는 변화는 어떤 정치적 시도로도 되돌릴 수 없는 거대한 흐름이 되었다. 이러한 흐름을 되돌리려 하고 기성세대의 가치관을 강요하다 보면 오히려 관계 맺기에 대한 거부감만 높아질 수 있다. 일반화시키기에 논리적 비약이 있을 수도 있지만, 많은 국가에서 '삶에 중요한 의미를 주는 계기'로 가족을 선택한 반면, 우리나라 사람들은 가족보다 돈으로 해석할 수 있는 '물질적 풍요'를 꼽았다. 다른 나라 사람들은 그 외 삶에서 중요한 요인으로 '친구'를 이야기했지만, 한국 사람들의 응답에서 친구는 없었다. 관계 맺기가 점점 삶의 우선순위에서 밀려나는 모습을 상징적으로 보여준다.

결혼도 더 이상 집안끼리의 연결이 아니다. 개인 간 선택의 결과다. 결혼(법률혼)이라는 제도가 가족 구성의 전제 조건이었다면 지금은 사랑과 개인적 감정에 기초한 관계가 가족 구성의 전제 조건이다. 제도로서 가족은 남녀 간 불평등, 여성에 대한 남성의 지배, 동등한 권리를 갖는 구성원으로서 자녀의 존재 불인정, 남성 가장의 결정권으로 구성되었다. 이런 가족에서 태어나는 자녀는 가족의 경제적 자산이었다. 그러나 공적 영역에서 진행된 민주화는 평등과 개인의 권리, 폭력으로부터의 자유, 전통적 권위가 아닌 타협적 권위를 당연한 사회적 가치로 받아들이는 변화를 가져왔다. 사람들은 이렇게 민주화된 사회적 관계를 가족 내에서도 실현하기를 바란다. 평등, 상호 존중, 자율, 소통을 통한 결정, 폭력으로부터의 자유, 엄마와 아빠가 공유하는 돌봄 책임을 가족관계에서 원하기 시작한 것이다. 사람들은 이러한 변화를 받아들이지 않는 가족을 거부하게 되었다.

결혼을 반드시 할 필요가 없다고 여기며 가족이 인생에서 그리 중요한 의미를 갖지 않는다고 생각하는 우리 사회 구성원이 늘고있다. 특히 청년에서 그 숫자가 증가하는 이유를 기든스의 민주적 가족 개념이 보여준다. 원하는 가족의 모습, 가족관계, 가족의 형태가 청년세대의 바람대로 민주적이라면 가족에 대한 수용성 수준이 높아질 것이다. 결국 민주적 가족이라는 개념이 확산되면 자연스럽게 다양한 형태의 삶을 수용할 수 있는 수준도 높아진다. 그렇게 민주적 가족을 만들고, 민주적 가족이 확산된다면 가족을 거부하는 흐름을 반전시키는 역할을 할 수도 있을 것이다.

내 몸 안에서 10개월 동안 품은 아이를 온몸이 찢어지는 듯한 아픔을 견디고 죽음의 위협도 무릅쓰고 낳았다. 그러나 아이는 자연스럽게 아빠의 성을 갖는다. 지금까지는 그걸 당연하게 알고 살아왔다. 이제는 그렇지 않다고 생각하는 여성들이 늘어나고 있다. 아빠들도 있다. 전통적 미풍양속, 족보의 근간을 뒤흔드는 위험한 발상이라는 비판이 있을 것이다. 그러나 현재의 초저출산·초저출생 시대의 흐름을 바꾸려면 그야말로 파격적인 발상의 전환이 필요하다.

아빠의 족보를 위협하는 것이 아니라 엄마 집안 족보를 채운다고 생각해보자. 우리 안에 뿌리 깊게 그리고 너무나 자연스럽게 자리 잡은 부계혈통주의를 변화시킨다면 '남자는 나가서 돈 벌어야 하고 여자는 집에서 살림하고 아이 키워야 한다'는 규범이 더 빨리 바뀔 것이다. 그러면 직장에서 남자가 눈치 보지 않고 육아휴직할 수 있는 세상이 더 빨리 우리 곁에 올 수 있다. 엄마의 독박 육아와 경력 단절과 아빠가 갖는 부양 부담이 더 빨리 사라질 수 있다.

아무리 출산율이 반등하더라도 이미 20만 명대 수준으로 내려앉은 출생아 수가 갑자기 많아질 수는 없다. 결국 우리 사회는 엄마와 아빠를 따라 들어오는 외국 아이들, 이 땅에서 태어나는 이주배경 아이들을 우리 아이들로 만들어야 하는 과제를 갖는다. 한국 사회의 생존을 위한 필수 과제다. 유보통합과 늘봄학교를 통해 이 아이들의 어린 시절에 투자를 확대해야 하는 이유다. 그런데 이러한 투자가 사회적 합의를 얻으려면 아버지의 집안을 중심으로 구성하는 전통적 가족을 신앙처럼 여기는 부계혈통주의의 변화가 선행되어야 한다. 새롭게 들어와서 살기 시작하는 사람들이 엄마,

아빠 쪽을 따지지 않고 족보를 만들고 우리 아이들을 우리에게 선사할 수 있는 준비가 필요한 시점이다.*

'특단의 대책'을 요구하는 목소리가 여기저기에서 크게 들린다. 개인의 생각에 딱 맞게 재단해서 나오는 특단의 대책은 없다. 지금까지 갖고 살아온 가치관, 규범, 도덕, 신념을 다 풀어헤치고 새로운 조합을 시도할 때 특단의 대책이 나올 수 있을 것이다.

o 지역의 재편성

수도권 집중과 국토의 불균형 발전 역시 저출산 요인으로 이야기할 수 있다. 산업화 시대 급속한 경제성장을 통해 "잘 살아보세"를 외치면서 우리가 동의했던 결과다. 수도권 인구 분산, 국토 균형 발전을 외치면서도 사방에 GTX 노선 깔고, KTX와 SRT로 하루에 서울에 있는 종합병원을 다녀

---

* 「'양주 박씨' 시조 된 베트남 엄마, 아들에게 성·본 물려주는 이유」라는 소식도 읽어볼 만하다.

갈 수 있도록 만들어놓았다. 하도 수도권에 인구가 집중되어 있다 보니 저출산·고령화로 인한 노동력 부족의 심각성에 대한 인지도 수준도 낮다. 아이가 태어나지 않은 마을이 수두룩하고 대학교가 문을 닫고 있지만, 젊은이들은 여전히 서울로 서울로 몰려든다. 서울 시내 초등학교 폐교 소식의 충격도 별로 크지 않다. 성장 제일주의에 집중하면서 모든 역량을 서울과 수도권에 쏟아 넣자는 정치적 합의를 한국 사회는 지금까지 지켜왔다.

전체 인구의 절반이 몰려 있는 수도권에서 어떻게 사람들이 비수도권으로 이동하게 할 것인가? 월 만 원짜리 아파트를 만들면 그 지역으로 사람이 가나? 일자리가 없으면 가지 않는다. 그러면 일자리를 만들면 인구이동이 일어나나? 세종시 규모 정부 청사와 교육 인프라가 어우러지지 않으면 기러기 아빠 엄마들만 생겨난다. 그래서 은퇴 베이비부머세대의 수도권에서 지역으로의 이동이 대안으로 떠오르며 각종 아이디어가 나온다.

"1,700만 베이비부머, 도시를 떠나 농촌을 살린다. 베이비붐 세대, 노후에는 어디에서 살까? 베이비붐 세대 은퇴,

해결 없으면 한국 사회는 곧 붕괴된다. 청년과 지방을 살리려면 베이비부머가 변화해야 합니다. 서울 시민들 은퇴하면 삼척에 살어리랏다. 귀촌 신도시 건설……." 베이비부머의 이동 외에도 지역에서는 인구 유치를 위한 아이디어와 사업이 쏟아져 나온다. 월 1만 원 임대아파트, 귀촌 신도시 건설, 도농 복합 지역 외국인 이주, 고향사랑기부제, 작은 학교 살리기 등등 지역 사정을 반영한 여러 시도가 이루어지고 있다. 2023년부터는 지방자치분권 및 지역균형발전에 관한 특별법(지방분권균형발전법)을 시행하고 지방소멸대응기금도 매년 1조원 규모로 지원하는 변화가 일어났다. 행정안전부 심사를 거쳐 지정된 인구감소지역 및 관심지역에 매년 수백억 규모의 사업비 지원을 하는 것이다. 기금의 효율적이며 효과적 사용에 대한 논쟁도 이제 본격적으로 진행될 것이다.

무엇을 해도 사람이 빠져나가는 시대, 수백억의 돈을 지역에 투자하는 과정에서 우리는 무엇을 우선 생각해보아야 하는가? 일단 돈이 들어가는 사업에는 늘 컨설팅 사업이 따라다닌다. 그래서 컨설팅 보고서와 사업보고서는 넘쳐난다.

그런데 지역에는 여전히 사람이 없다. 이런 과정을 지방소멸대응기금 사업도 반복할 것인가? 아이디어가 없어서, 구체적이지 않아서 사람이 우리 지역에 들어오지 않는가? 결국은 일자리, 교육 인프라, 커피 체인점으로 상징되는 문화생활 공간, 서울에만 있고 우리 지역에는 없는 것이 문제라고 한다면 무엇을 해도 안 되는 것 아닌가? 어차피 안되는 기준을 놓고 경쟁하면 되나? 서울처럼, 수도권처럼이라는 가치와 목표를 설정해서 경쟁이 안 된다면 전혀 다른 가치와 목표로써 승부수를 띄워야 한다. 영화 〈리틀 포레스트〉(2018) 처럼 아예 다른 가치와 생활 공간이 갖는 의미를 만들고 거기에 공감하는 사람들이 우선 이동하는 나비효과를 시도해야 한다.

청년이든 노인이든, 여성이든 남성이든 누구라도 들어와 살고 싶은 생활환경을 만드는 노력이 필요하다. 정치적 이해관계, 건설업자의 이윤 추구, 땅 주인의 욕망이 얽힌 메가시티를 만들지 말지, 어떻게 만들지는 여기에서 이야기할 생각도 없고 의향도 없다. 그러나 일단 사람이 걸어다닐 수 있는 '슬세권' 범위에서 우리가 사람으로서, 가족으로서 대

우받고 살아가는 마을 정도는 만들어야 하지 않을까? 그렇게 해놓고 누구라도 들어와 살라고 손짓을 해야 한다.

집 밖을 나서면 우리는 자동차에게 사람이 양보하는 세상에 산다. 사람에게 '출차 주의'라는 경고등은 요란하게 켜져도 지하 주차장에서 인도를 지나 도로로 진입하는 차량에게 '보행자 주의, 사람 주의'라는 경고는 거의 본 적이 없다. 횡단보도 앞에서 사람은 차에게 양보를 기대하지 않는다. 여성친화도시, 아동친화도시가 행정 용어로는 있다. 그런데 실제 가족 친화적으로 만들어진 마을을 본 적이 있나? 그러다가 아이라도 낳으면, 유아차를 끌고서 집 밖을 나서면 더욱 투명인간 취급을 받는 세상과 만난다. 양보할 생각이 없는 사람들과 엘리베이터를 타기 위해 경쟁해야 한다. 유아차가 지나갈 수 있는 입구는 승용차가 주차해서 막아놓는다. '빨리빨리' 압축적 성장을 하면서 사람을 놓친 사회의 모습이다. 남에게 손가락질할 필요도 없다. 내가 자동차에게 그런 대접을 받아도 별 문제의식을 느끼지 못할 정도로 길들여졌다. 그래서 내가 운전대에 앉으면 내 눈앞에서 사람은 사라지고 자동차만 시야에 들어온다.

사람 친화적으로 사람의 시각에서 마을을 만들면 결국 가족 친화적인 마을이 된다. 사람 친화적이려면 마을에 진입하는 자동차에게는 불편한 도로를 만들 수밖에 없다. 천편일률적으로 단속 카메라를 설치한 시속 30km 구간을, 그것도 학교 근처 스쿨존에만 만들어놓고 마을 놀이터 근처나 마을 길을 자동차가 휘젓고 다니는 사회에서 첫째 아이를 낳은 가족이 어떻게 둘째 생각을 할 수 있을까? 자동차가 마을에 들어서면 걷는 속도(시속 7~10km 이하)로 구불구불한 길을 요리조리 지나가야 하는 불편한 도로를 만들고 아이들의 시선에서 놀이터 안팎으로 안전한 시설을 만들자는 사람이 있었나? 가족 친화적인 마을에서는 엄마 혹은 아빠가 혼자서도 어린아이 둘과 반려견 한 마리쯤 데리고 산책을 나설 수 있다. 우리에게 그런 마을이 있나? 없다. 그러니 반려견과 아이, 둘 중 하나를 선택하는 사람들이 늘어난다. 부모가 되면 아이들이 안심하고 다닐 수 있는 대형 쇼핑몰에만 가게 된다. 무리해서 대출을 받더라도 그나마 안전한 느낌이 드는 신축 아파트 단지로 가려고 한다.

독일 작은 마을 웬만한 마트에 가도 어른용 쇼핑 카트 옆에 아이가 끌 수 있는 아동용 쇼핑카트가 있다. 아이와 함께 가족을 맞이한다. 부모가 쇼핑하는 사이, 아이도 자기 것을 찾아서 쇼핑 카트를 끌고 다닌다. 어디에 가든 아이와 가족을 자연스럽게 받아들인다. 우리는 왜 자영업자 개인의 선택인 노키즈존에 열을 내면서 사회적 논쟁을 할까? 아이를 낳게 되면 갈 수 없는 곳, 가기에 불편한 곳이 너무 많아진다. 대형마트 외에는 별로 갈 곳도 없고 맨날 캠핑만 다닐 수도 없다. 이런 상황에서 노키즈존까지 생기니까 화가 나기 때문이다.

자동차에 앉아서 바라보는 시각으로는 가족(사람) 친화 생활환경을 조성할 수 없다. 아동과 가족, 사람의 시각에서 생활환경을 재구조화하는 가치와 규범의 변화가 필요하다. 서울 등 대도시에서 북적대고 자동차에 쫓겨 다니는 사람들은 경험할 수 없는 사람 친화적, 가족 친화적 마을을 만들어야 한다. 인구 대응이라고 하니까 지자체의 여성가족과, 인구 대응팀 이런 부서에서 대책을 내놓느라 머리를 싸맨다. 도로과, 교통과, 건축과, 환경과 등등 지자체 모든 조직과 기관이 사람(가족) 친화적 마을을 만들기 위해 변신해야 한다. 태어나서 성장하는 동안 나를 받아주고 행복하게 키워준 마을(환경)이 있다면 고향의 정취가 생겨나고 그 느낌을 간직할 수 있다. 그러면 사람들은 〈리틀 포레스트〉의 주인공처럼, 서울 편의점의 삼각김밥을 버리고 나를 받아주는 마을로 돌아갈 것이다. 지금까지 한국 사회가 몰입해온 가치와 철학, 이해관계를 버리고 완전히 다른 기준으로 사람의 관점에서 마을을 만드는 노력을 각 지자체에서 시작하길 바란다. 그리고 이를 중앙정부가 지원함으로써 지역 인구이동의 나비효과가 일어나기를 기대해본다.

초저출산·초저출생 시대가 열렸다. 산업화 시대부터 연속된 정치적 선택의 결과다. 잘 살아보기 위해 서울로 몰려들었고 부동산 투기는 국민 스포츠가 되었다. 돈을 벌고 번 돈을 지키기 위해 학벌 카르텔이 형성되었다. 그 카르텔에 들어가기 위한 교육 경쟁은 부모의 사랑, 특히 엄마의 사랑이란 이름으로 용서받았다. 서울은 '잘난 사람들'이 모여 사는 공간의 상징이 되었고, 이들과 다른 억양은 열등한 취급을 받았다. 서울에서 튕겨져 나간 사람들이 비수도권을 형성하면서 비수도권과 수도권도 분리하게 되었다.

국가는 선진국 클럽이라는 OECD에도 가입하고 나름 잘 나가는데 사람들은 일만 해야 할 뿐 여가를 즐길 틈을 찾지 못한다. 일과 여가, 일과 가족 중 선택을 해야 하는 궁지에 내몰린다. 가족은 선택의 대상이 되었다. 당장 내가 먹고사는 문제가 중요하다 보니 인생의 우선순위에서 가족이 뒤로 밀리는 일이 많아졌다. 가족을 인생에서 당연히 지나가는 과정으로 알고 살아온 윗세대는 요즘 청년들이 왜 '자연스럽게' 가족을 선택하지 않는지 걱정의 눈초리만 보낸다.

용감하게 가족을 선택한 사람들은 끊임없이 "아이가 행복이긴 하지만……" 하는 고민을 안고 살아간다. 둘이서 결혼해서 둘이서 낳았지만 아이가 가져오는 생활의 변화는 엄마가 거의 혼자 감당해야 한다. 독박 육아와 경력 단절은 공포와 불안의 상징이 되었다. 출산 기피가 사회적 현상으로서 출산파업 같은 양상을 띠게 된 데는 독박 육아와 경력 단절이라는 파괴력 있는 표현 역시 영향을 끼쳤을 것이다. 경력이 단절된 엄마의 상황은 아빠에게도 부담이 된다. 아빠의 아빠가 혼자서 아내와 2~3명의 자녀를 먹여 살렸다는 이야기는 이미 흘러간 무용담일 뿐이다. 아빠도 엄마의 독박 육아와 경력 단절을 바라지 않지만 어떻게 해야 할지 어쩔 줄 모르는 상황이다. 아빠 노릇을 하려면 직장에서 눈치를 보게 되고 일에 지친 몸은 집에서 눈치를 보게 되는 처량한 신세가 된다.

경쟁사회, 수도권 집중, 피로사회, 노동시장 격차, 성차별 등, 정치적으로 선택하고 사회적으로 합의를 봤던 산업화의 결과들을 몇몇 정책을 손본다고 해결할 수 있을까 싶지만 그렇다고 손 놓고 있을 수도 없다. 위기는 기회이기도 하다. 구조적으로 병든 대한민국의 모습이 합계출산율 0.7, 출생아 수 20만 명 시대를 열었다면, 그리고 그 숫자가 정말 공포스럽다고 생각한다면, 이 기회에 대한민국의 구조적 병을 고쳐보는 것이다.

여태 경제성장, 일, 돈이 우리의 머릿속을 지배했다면, 이제는 삶의 질이란 말을 머릿속에 심어보자. 물질적 풍요에 걸맞게 삶의 만족도를 높여서 삶의 질이 행복으로 갈 수 있도록 바꿔보자. 함께 희망의 길로 들어서보자. 저출산 예산을 파격적 확대하고, 아이를 낳고 키우는 가족에게 화끈하게 투자해보자. 부모의 일·가정 양립도 필요하다. 유보통합과 늘봄학교를 통해 사회적 돌봄·교육 체계의 질적 양적 수준을 높여야 한다. 가족친화경영의 불빛도 밝혀야 한다. 부모 중심으로 시작하면서 성평등한 노동시장 개혁을 만들어보자. 아버지 어깨를 무겁게 짓누르고 있는 부계혈통주의의 부담을 덜어내는 작업도 해야 한다. '가족은 이런 모습이어야 한다'는 고정관념이 깨질 때 한국 사회의 삶도 다양해질 수 있다. 당장 부족한 노동력을 이웃나라 사람들이 와서 제공해줄 것이다. 이렇게 모여드는 사람들이 편하게 살 수 있는 마을을, 지금까지와는 전혀 다른 관점과 가치를 갖고서 만들어보자. 사람 친화적인 슬세권 마을이 이정표가 되어야 한다.

지금까지 해온 것들이 많다. 전에 없던 가족정책 영역을 구축하기 시작하였고, 아이 낳는다고 돈 주고 시간도 준다. 아파트 분양도 우선 지원한다. 부모 대신 국가가 아이를 돌본다는 이야기가 낯설지만은 않다. 아빠가 아이를 업고 유아차를 끄는 모습도 익숙하다.

한국 사회는 지금까지는 장님 코끼리 만지기식의 원인 진단과 급한 불 끄기식의 단편적 대응을 해왔다. 4~5년 임기 내 성과 보여주기에 급급하고 갈등과 선동이 난무한 정치 문화가 대한민국 대개조 프로젝트에 대한 희망을 가질 수 없게 하였다. 정책의 퍼즐은 수북하게 쌓여 있는데, 이 퍼즐을 모두 모아 한 마리의 코끼리를 완성하지는 못했다.

이제는 수많은 정책적 아이디어와 제안과 대안을 모아 변화를 시작해야 할 때이다. 그래야 0.7과 20만이라는 숫자가 주는 공포를 희망으로 바꿀 수 있다. 한국 사회가 당면한 저출산·고령화에 어떻게 대응해야 좋을지 독일 트리어대학교의 한스 브라운Hans Braun 교수에게 물어본 적이 있다. 이런 답을 들었다. "제도 자체보다 중요한 것은 그 결정을 믿고 따르도록 하는 정치적 과정이다. 과정이 합리적이고 일관성 있을 때 합의에 도달할 수 있다. 공공선을 위해 일하는 좋은 정치인들을 많이 키워라. 갈등을 줄일 수 있는 방법이다."[30] 좋은 정치인은 우리가 만든다. 정치인에게만 손가락질을 할 것도 없다. 결국 그런 정치인을 만드는 건 우리이기 때문이다. 좋은 우리가 좋은 정치인이 많이 나오는 한국 사회를 만들어서 공포를 희망으로 바꾸어보자.

- 주요 키워드
-

초저출산 · 초저출생

출산율은 여성 1명이 평생 낳은 아이 수로, 공식 명칭은 '합계출산율'
이다. 출생률은 해당 연도에 몇 명의 아이가 태어났는지를 인구수에
견줘 비율로 나타내는 것으로 인구 1,000명당 출생아 수이며 공식 명
칭은 '조출생률'이다. 저출산은 합계출산율이 2.1명 미만일 경우, 초저
출산이란 합계출산율이 1.3명 미만일 경우를 일컫는다. 초저출산과는
달리 초저출생이라는 말은 아직까지 사회과학적으로 공인된 용어는
아니지만 이 책에서는 태어나는 아이 수를 아주 적게 보는 의미에서
'초저출생'이라는 단어를 사용했다.

부양부담

15~64세 사이의 취업 활동 인구가 15세 미만 아동 청소년과 65세 이
상 노인층 등 비취업 활동 인구를 부양해야 하는 부담. 저출산 · 저출생
의 결과로 취업 활동 인구가 먹여 살려야 할 15세 미만 유소년부양인
구비는 급감, 65세 이상 노인부양인구비는 고령화와 더불어 급증하고
있는 추세이다.

소득격차와 출산

출산가구를 저소득층, 중산층, 고소득층으로 분류하여 소득 수준별 출산가구의 비중을 보면 저소득층과 중산층의 출산은 감소하고 고소득층 출산은 증가하는 양상을 관찰할 수 있다. 아이를 낳은 100가구를 소득 분포 비율로 나누어 보면 저소득층 9가구, 중산층 37가구, 고소득층 54가구로 출산의 양극화가 일어나고 있다. 소득 수준은 OECD 기준으로 중위소득의 75퍼센트 이하는 저소득층, 200퍼센트 이상을 벌면 고소득층이다.

필요조건과 충분조건

삶의 질을 구성하는 요소로서 경제적 생활수준의 향상은 저출산 현상의 반등을 가져오는 필요조건이다. 여기에 더하여 주관적으로 내 삶에 만족하는 삶의 만족도는 충분조건이라고 볼 수 있다. 객관적 삶의 조건이 좋으면서 삶의 만족도 수준이 높으면 삶의 질로서 행복[happiness] 상태, 물질적으로는 살 만하지만 삶에 만족하지 않는 것을 불일치[dissonance]의 상태, 객관적 삶의 조건으로서 경제적으로는 어렵지만 주관적으로 만족하는 것을 적응[adaptation] 상태, 경제적으로도 힘들고 삶의 만족도 역시 낮을 때를 박탈[deprivation] 상태라고 말한다. 삶의 질이 행복이나 적응의 상태에 있을 때 출산 의도가 높아지는 경향이 있다.

돌봄 시간 빈곤

시간 빈곤은 노동시간을 제외한 활용 가능한 시간이 부족한 상태로, 노동시간이 지나치게 길면 시간 빈곤 수준이 높아지게 된다. 현대인의 하루 시간을 노동(학습), 가사·돌봄, 자유(여가, 놀이) 시간으로 나눌 때,

아이를 낳아도 노동시간이 지나치게 길거나 육아휴직, 육아기 근로시간 단축 제도를 제대로 활용할 수 없으면 돌봄에 할애할 시간이 부족하다. 이를 돌봄 시간 빈곤이라고 한다.

여성의 취업 생애주기

출산과 여성의 경력 단절 관계를 보여주는 개념으로, 여성 경력 단절을 의미하는 M자형 곡선이 있다. 여성 고용률은 학교를 졸업하고 첫 취업을 하는 시기에 올라갔다가 결혼 후 임신, 출산, 돌봄 시기에 현저히 떨어진다. 이후 아이가 성장함에 따라 다시 올라가고, 은퇴 시기에 자연스럽게 내려가는 M자형을 그린다. 출산 주체로서 여성의 삶이 독박 육아와 경력 단절로 이어지는 모습이다. 반면 남성의 취업 생애주기는 한번 상승하면 올라가서 유지되다가 나이가 들면서 떨어지는 고원형을 보인다.

이행의 계곡

1970년에서 2015년까지 OECD 주요 회원국의 합계출산율과 여성 고용률 간 관계를 보면, 여성 고용률이 증가할수록 합계출산율이 감소하면서 각국이 출산율의 최저점을 경험하는 공통적인 경향이 나타났다. 출산율이 최저점을 찍은 뒤 고용률이 올라가면서 출산율도 올라가는 과정이 시작되는데, 이 과정을 나타내는 그래프의 모양이 U자형으로 출산율이 마치 계곡의 바닥을 치고 다시 올라가는 모양이라서 '이행의 계곡'이라는 표현을 사용한다. 여성 고용률이 60퍼센트 수준까지 상승하면 부모의 일·가정 양립이라는, 노동과 돌봄 영역에서 성차별을 없애려는 정책적 노력으로 다시 출산율이 U자형으로 회복되는 모습을

보인다. 한국은 여성 고용률이 60퍼센트 수준에 도달했음에도 사회적
돌봄체계의 완성과 가족친화경영(노동시장)의 과제가 해결되지 못한 채
이행의 계곡을 통과하지 못하고 이행의 늪에 빠져 있는 유일한 국가가
될 수도 있다.

참고문헌

- 대한민국정부(2006), 제1차 저출산·고령사회 기본계획(2006~2010).
- 대한민국정부(2011), 제2차 저출산·고령사회 기본계획(2011~2015), 새로 마지플랜 2015.
- 대한민국정부(2015), 제3차 저출산·고령사회 기본계획(2016~2020), 브릿지플랜 2020.
- 대한민국정부(2020), 제4차 저출산고령사회기본계획(2021~2025).
- 박종서 외(2023), 「2021년도 가족과 출산조사-(구) 전국 출산력 및 가족보건복지실태조사」, 한국보건사회연구원 연구보고서 2021-50.
- 전윤정(2023), 20~30대 여성의 고용·출산 보장을 위한 정책 방향, 국회입법조사처, NARS 입법·정책, 제147호.
- 정재훈, 김수완, 김영미(2017), 「저출산·고령사회 기본계획 특정성별영향분석평가」, 여성가족부 연구용역보고서.
- 정재훈(2023), "늘봄학교의 필요성과 과제", 젠더리뷰 2023년 봄호, Vol.68, 23~30쪽.
- 중소기업연합회(2022), 2022년 중소기업현황.
- 최효미 외(2017), 영유아 교육·보육비용 추정 연구(Ⅴ), 육아정책연구소.
- 통계청(2023.11), 2023년 사회조사 결과.
- 통계청(2020.12), 2019년 육아휴직통계 결과(잠정).
- 통계청(2021.12), 2020년 육아휴직통계 결과(잠정).
- 통계청(2022.12), 2021년 육아휴직통계 결과(잠정).

- 통계청(2023.12), 2022년 육아휴직통계 결과(잠정).
- Giddens, Anthony(1998). *The Third Way*. Polity Press(번역본).
- Glatzer, Wolfgang/Zapf, Wolfgang(Hg.), *Lebensqualität in der Bundesrepublik: Objektive Lebensbedingungen und subjektives Wohlbefinden*, Frankfurt u.a., Campus Verlag.
- Kohler, H. P., F. Billari, and J. A. Ortega(2002), "The Emergence of Lowest-Low Fertility in Europe During the 1990s", *Population and Development Review*, 28(4), 2002, pp.641~680.

미주

1. 보건복지부 보육통계.
2. 교육부 교육기본통계.
3. 병무청, 「병무통계연보」.
4. 고시성, 「병역자원 감소에 따른 한국군 병력구조 개편 발전방향 연구」, 2020.
5. 이상호, 「한국의 지방소멸에 관한 7가지 분석」, 2016.
6. 김영미, 「'지방소멸' 위험의 허와 실, 그리고 대안」, 『부산일보』, 2022년 2월 7일.
7. 허문구(2022), 「K-지방소멸지수 개발과 정책과제-지역경제 선순환 메커니즘을 중심으로」, 월간 KIET 산업경제 289, 2022. 10월호, 42-57쪽.
8. OECD Income Distribution Database, https://stats.oecd.org/Index. aspx?DataSetCode=IDD
9. OECD Income Distribution Database (https://stats.oecd.org/Index. aspx?DataSetCode=IDD)에서 'Child Poverty'를 참고로 한 내용임.
10. OECD, OECD FAMILY DATABASE: CO2.2: Child poverty, 2021
11. 유진성(2022), 「소득계층별 출산율 분석과 정책적 함의」, 한국사회과학연구 41(3), 2022.12, 233-258쪽.
12. 1차 저출산·고령사회 기본계획, 15쪽.
13. 이경은, 이기훈, 「출산 기사 뜨면… "사교육비·노후 준비 해주나" 냉소가 주르륵」, 《조선일보》, 2018년 4월 17일.

14. 여성가족부, 각 연도(2019, 2020, 2021년) 가족 다양성에 대한 국민 인식 조사.

15. 한반도미래인구연구원(2023.6.20), 인구정책으로서 비혼 출산, 어떻게 봐야 하나, 비혼 출산 세미나(2023년 6월 20일).

16. 통계청,「초중고사교육비조사」, 학교급별 학생 1인당 월평균 사교육비.

17. 요람에서 대학까지: 2019년 대한민국 양육비 계산기, baby.donga.com

18. 박종서 외,「2021년도 가족과 출산조사-(구) 전국 출산력 및 가족보건복지 실태조사」, 한국보건사회연구원 연구보고서 2021-50, 263쪽, 2023.

19. 육아휴직 통계는 통계청(2023.12), 2022년 육아휴직통계 결과(잠정)+보도 자료와 e나라지표, 출산 및 육아휴직급여 수급자 현황에 자세히 나와 있음.

20. 고용노동부,「2020년 남성 육아휴직 현황」, 8쪽, 2021.

21. 사회보장위원회, 초등돌봄교실 현황.

22. 교육부, 온종일 돌봄(초등 돌봄) 시설 현황, 2021년 12월 31일 기준, 2022.

23. 이하 자료는 모두 통계청「경제활동인구조사」 자료를 토대로 작성하였음.

24. 통계청(2023.12), 장래인구추계 2022~2072.

25. 정재훈, 김수완, 김영미(2017),「저출산·고령사회 기본계획 특정성별영향 분석평가」, 여성가족부 연구용역보고서.

26. 대한민국정부,「저출산·고령사회 기본계획」중앙부처 각 연도별 시행계획.

27. 이하 내용은 정재훈(2023), "늘봄학교의 필요성과 과제",「젠더리뷰」, 2023년 봄호, Vol.68에서 가져왔음.

28. 고용노동부,「고용형태별근로실태조사(1인 이상 기준)」, 남성 대비 여성 임금 비율.

29. OECD, Gender wage gap (indicator). doi: 10.1787/7cee77aa-en (Accessed on 27 August 2023).

30.「한스 브라운 獨 트리어대 교수에게 듣다」,《국민일보》, 2014년 4월 8일.

KI신서 11729

0.6의 공포, 사라지는 한국

1판 1쇄 인쇄 2024년 2월 1일
1판 1쇄 발행 2024년 2월 16일

지은이 정재훈
펴낸이 김영곤
펴낸곳 ㈜북이십일 21세기북스

인생명강팀장 윤서진 **인생명강팀** 최은아 강혜지 황보주향 심세미
디자인 김희림
출판마케팅영업본부장 한충희
마케팅2팀 나은경 정유진 박보미 백다희 이민재
출판영업팀 최명열 김다운 김도연 권채영
제작팀 이영민 권경민

출판등록 2000년 5월 6일 저1406-2003-061호
주소 (10881) 경기도 파주시 회동길 201(문발동)
대표전화 031-955-2100 **팩스** 031-955-2151 **이메일** book21@book21.co.kr

㈜북이십일 경계를 허무는 콘텐츠 리더

21세기북스 채널에서 도서 정보와 다양한 영상자료, 이벤트를 만나세요!
페이스북 facebook.com/jiinpill21   포스트 post.naver.com/21c_editors
인스타그램 instagram.com/jiinpill21 홈페이지 www.book21.com
유튜브 youtube.com/book21pub

서울대 가지 않아도 들을 수 있는 명강의! 〈서가명강〉
'서가명강'에서는 〈서가명강〉과 〈인생명강〉을 함께 만날 수 있습니다.
유튜브, 네이버, 팟캐스트에서 '서가명강'을 검색해보세요!

ⓒ 정재훈, 2024
ISBN 979-11-7117-417-1 04300
        978-89-509-9470-9 (세트)